制造型创业企业
柔性生产技术选择与产能决策研究

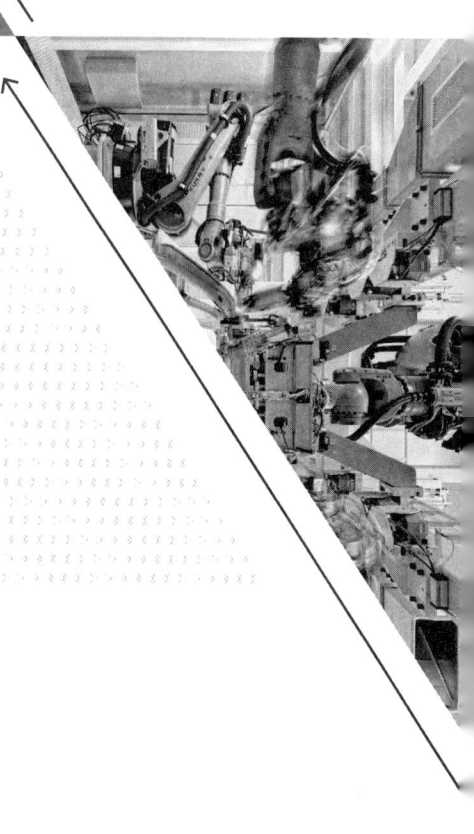

FLEXIBLE TECHNOLOGY CHOICE AND CAPACITY DECISION OF MANUFACTURING START-UP COMPANIES

曹国昭 ◎ 著

经济管理出版社
ECONOMY & MANAGEMENT PUBLISHING HOUSE

图书在版编目（CIP）数据

制造型创业企业柔性生产技术选择与产能决策研究/曹国昭著 . —北京：经济管理出版社，2018.3
ISBN 978-7-5096-5807-9

I.①制… Ⅱ.①曹… Ⅲ.①制造企业—生产技术—生产管理—研究　Ⅳ.①F407.4

中国版本图书馆 CIP 数据核字（2018）第 107488 号

组稿编辑：杜　菲
责任编辑：杜　菲
责任印制：司东翔
责任校对：董杉珊

出版发行：经济管理出版社
　　　　（北京市海淀区北蜂窝 8 号中雅大厦 A 座 11 层　100038）
网　　址：www.E-mp.com.cn
电　　话：（010）51915602
印　　刷：北京玺诚印务有限公司
经　　销：新华书店
开　　本：720mm×1000mm/16
印　　张：12.5
字　　数：180 千字
版　　次：2018 年 3 月第 1 版　2018 年 3 月第 1 次印刷
书　　号：ISBN 978-7-5096-5807-9
定　　价：68.00 元

·版权所有　翻印必究·

凡购本社图书，如有印装错误，由本社读者服务部负责调换。
联系地址：北京阜外月坛北小街 2 号
电话：（010）68022974　邮编：100836

前言

随着科技革命的发展和体制环境的变革,创业已经成为经济发展的原动力,创业企业的运营决策也受到了研究人员的广泛关注。制造型创业企业在创业型企业中占有较大比重,相比于行业中原有制造企业,制造型创业企业需要应对更大的市场不确定性、面临较大的破产风险。柔性生产技术能够帮助制造型创业企业较好地应对市场需求的变化,帮助其提高生存概率,是制造型创业企业运营决策的重要组成部分。本书以制造型创业企业为研究对象,旨在研究其柔性生产技术的选择与产能决策。本研究是国家科技部创新基金项目"管理创新关键技术方法工具集成开发与企业应用推广"(No. 2010IM040300)的组成部分。主要内容和创新如下:

第一,以制造型创业企业为研究对象,考虑其在生产中可以选择产量柔性和无柔性生产技术两种,研究其产量柔性生产技术决策的影响因素。制造型创业企业选择产量柔性生产技术的概率随着产量柔性生产技术单位产能成本、单位产量调整成本和负债的增大而减小。

第二,研究制造型创业企业与行业中原有企业的竞争中,两者的产量柔性生产技术决策。在竞争中,制造型创业企业倾向于选择成本较小的无柔性生产技术;当市场需求的波动较大时,行业中原有企业会选择产量柔性技术;随着产量柔性生产技术单位产量调整成本的增大,两企业选择无柔性技术的概率增大。

第三,研究制造型创业企业的品种柔性生产技术选择与产能决策。对比分析品种柔性和无柔性生产技术下，制造型创业企业的最大生存概率，探讨其选择品种柔性生产技术的条件。当负债较大，两种技术的单位产能成本之差较小时，制造型创业企业倾向于选择品种柔性生产技术。

第四，构建制造型创业企业与行业中原有企业竞争的品种柔性生产技术博弈模型，研究两者的竞争均衡。在竞争中，创业企业应选无柔性技术；当产品市场容量的波动较大时，行业中原有企业应选品种柔性技术；当两种产品市场总需求较大时，行业中原有企业选择品种柔性技术能使其获得更多的收益。

第五，考虑制造型创业企业生产两种产品，研究其产量柔性技术与品种柔性技术间的关系。当产品替代率和初始负债较大，市场容量较小时，创业企业更倾向于选择产量品种柔性技术；当产品替代率较大时，在品种柔性技术的基础上增加产量柔性能够改善创业企业的状况，反之却未必有益。

目录

第一章 绪论 ……………………………………………………… 1
  一、研究背景和意义 ………………………………………… 1
  二、研究内容与技术路线 …………………………………… 5
  三、研究创新点 ……………………………………………… 8

第二章 文献综述 ………………………………………………… 10
  一、引言 ……………………………………………………… 10
  二、创业研究 ………………………………………………… 11
  三、创业企业运营决策研究 ………………………………… 17
  四、柔性生产研究 …………………………………………… 20
  五、柔性生产技术间关系研究 ……………………………… 28
  六、本章小结 ………………………………………………… 29

第三章 制造型创业企业产量柔性技术选择与产能决策研究 …… 30
  一、引言 ……………………………………………………… 30
  二、问题提出与基本模型 …………………………………… 32
  三、创业企业产量柔性技术决策模型分析 ………………… 37
  四、数值实验 ………………………………………………… 40

五、本章小结 …… 44

第四章 制造型创业企业与原有企业竞争的产量柔性技术决策 …… 46

一、引言 …… 46

二、问题描述与基本假设 …… 48

三、不同竞争策略下两企业的最优产能决策模型 …… 50

四、两企业产量柔性技术决策的博弈分析 …… 63

五、数值实验 …… 65

六、本章小结 …… 68

第五章 制造型创业企业品种柔性技术选择与产能决策研究 …… 69

一、引言 …… 70

二、问题描述与基本假设 …… 72

三、模型分析 …… 74

四、数值实验 …… 83

五、本章小结 …… 88

第六章 竞争环境下制造型创业企业品种柔性技术与产能决策 …… 89

一、引言 …… 90

二、问题描述与基本假设 …… 92

三、基本模型构建 …… 93

四、创业企业与行业中原有企业竞争的均衡分析 …… 107

五、数值实验 …… 111

六、本章小结 …… 115

第七章 制造型创业企业产量柔性与品种柔性技术的关系研究 …… 117

一、引言 …… 118

二、问题提出与基本模型 …… 120

三、制造型创业企业的柔性技术决策 …………………… 129
四、数值实验 …………………………………………… 133
五、本章小结 …………………………………………… 140

第八章 总结与展望 …………………………………… 141

一、总结 ………………………………………………… 141
二、未来展望 …………………………………………… 143

参考文献 ………………………………………………… 146

附 录 …………………………………………………… 165

第一章 绪论

一、研究背景和意义

(一) 创业企业的界定

随着20世纪80年代新科技革命的发展和体制环境的变革,创业已经成为全球经济发展的主要推动力(Horvell & Litan,2010),熊彼特(1934)等在其研究中提出创业能够促进就业,带来技术进步和社会财富的增长(Lumpkin & Dess,1996; Wiklund Shepherd,2003)。创业企业作为创业的主体,也受到了研究人员的广泛关注(Carland et al.,2002)。不同的创业研究学者分别从不同角度对创业企业进行了定义。

Miller(1983)认为创业企业是指从事于产品—市场创新,勇于承担风险,最先进行主动创新的企业,擅长于先发制人。Chrisman等(1998)认为创业是为了获取利润以及增长利润而组织产品的研发、生产和销售等活动以满足市场需求,创建和组织新的企业的过程,并将创业企业界定为生命周期中处于成熟阶段前的企业。Zahra等(2000)认为创业企业是成立时间少于6年,处于生命周期早期阶段的企业。我国学者贺小刚、沈瑜

(2008)从时间和制度两个维度对创业企业进行了界定,从时间维度认为创业企业是生命周期处于青年期和青年期之前的企业,从制度维度认为创业企业是首次公开发行之前的企业。

按照行业特性进行分类,创业企业又包括制造型创业企业、高技术创业企业以及服务型创业企业等。本书重点研究制造型创业企业,所指的创业企业,是指进入市场不久,目标市场比较单一的小型企业,面临着较大的市场不确定,当其所投资的市场发展未能达到预期时,就有可能资不抵债,面临较大的破产风险。不同于行业中原有的成熟制造企业,制造型创业企业的决策者在决策过程中,应考虑破产风险,先求生存后求发展。

在创业企业中,制造型企业占有较大比重,根据证监会的行业统计,截至2011年10月27日,在创业板的所有企业中,制造型创业企业占66.42%。此外,Baldwin和Rafrguzzaman(1995)的研究显示,制造业生产率增长中有20%~25%来自企业的进入和退出活动,可见创业活动在制造业发展中的重要性。因此,研究其运营决策能够为制造型创业企业的决策者提供一定的参考,对促进制造型创业企业的发展和成功有重要的意义。

(二)问题的提出

制造型创业企业在创业企业中占有较大的比重,其运营决策也成为创业研究的重要方面。相比于已经形成一定规模的成熟制造型企业而言,制造型创业企业面临着较大的破产风险和市场不确定性。破产风险是指经济主体的资产不足以偿还其负债所带来的风险(刘星、彭程,2009)。在创业期,制造型企业往往面临着资金匮乏和市场需求不确定的困境,使其破产风险较大。因此,制造型创业企业的决策者在进行决策时,应先考虑自身的顺利生存,再谋求进一步的发展。市场需求的不确定一方面是因为制造型创业企业刚进入市场不久,其生产的产品还没有经过市场的检验,没有在顾客心中形成固有的印象,因而没有成熟稳定的客户群体;另一方面是因为制造型创业企业在进入一个行业时面临着来自其他成熟企业的竞

第一章 绪论

争,导致其市场份额的不确定。

此外,在制造企业中,生产设备产能的投资以及生产技术的选择往往早于产品的生产,进入生产期后,市场的需求可能会发生较大的变化,这就导致生产设备的产能与市场需求不符,会给制造企业带来较大的利润损失。Greenberg 在其报告中对克莱斯勒 2000 年的营销情况进行了调查,显示:2000 年,克莱斯勒新推出的 PT 巡洋舰的市场需求远远超出了其市场预期,而与之相反,以前一直畅销的村镇小型货车的销量却大大下跌,但是由于这两种类型的汽车都在专用生产线上进行生产,不能根据市场需求的变化适当调整两种汽车的产量,这两种车型产量与市场需求的不匹配给克莱斯勒造成了将近 20 亿元的损失。为了减少市场需求与设备产能的不匹配,很多制造企业都采用柔性生产技术来进行生产。

如汽车制造行业中的三大巨头都对柔性生产技术进行了大量的投资,以更好应对激烈的市场竞争以及市场需求的不确定,福特在 2004 年,已经建成了 5 条不同的 F 系列汽车柔性生产线,截至 2010 年已经在其 75% 的总装车间以及动力工厂中采用了柔性制造系统,以帮助其更好地应对市场需求以及系统自身的变化。柔性生产技术又叫柔性制造技术,是现代先进制造技术的统称,能够帮助生产单位应对市场需求和生产过程的不确定性,主要包括产量柔性(又叫生产能力柔性)、品种柔性(又叫混合柔性)、工艺柔性、机器柔性、维护柔性、扩展柔性和运行柔性等,不同柔性生产技术的功能主要如表 1-1 所示。柔性生产技术虽然能够帮助制造型创业企业较好地应对来自市场和生产系统内部的不确定(Swamidass & Newell, 1987; Adler et al., 1999),但是由于柔性生产技术有很多种,怎样选择适合自身发展的柔性生产技术是制造型创业企业决策者需要考虑的关键问题(Fine & Treund, 1990)。

在众多柔性生产技术中,产量柔性生产技术和品种柔性生产技术是最常见的和实用的两种柔性生产技术。因此,我们重点研究制造型创业企业的产量柔性和品种柔性生产技术决策,并将研究扩展到竞争情况下,使研究更加贴近现实。其中,产量柔性是指生产系统根据市场需求的变化调整自身产量并且获利的能力，在市场需求多变的今天，产量柔性生产技术颇受制造企业决策者的青睐；品种柔性生产技术是指在一条生产线上生产两种或以上产品，并能根据需求调整两种产品产量的能力，当今是一个顾客需求多样化的时代，品种柔性生产技术能够帮助制造企业更好地应对顾客需求种类的变化，如在克莱斯勒汽车的例子中，如果其决策者选择了品种柔性生产技术，就能够根据市场需求的变化，增加新推出的 PT 巡洋舰的产量，减少村镇小型货车的产量，以使产量能够更好地与市场需求匹配，减少利润损失。

表 1–1　不同柔性生产技术的功能

柔性种类	功能
产量柔性	快速改变产品的产量，并使生产系统经济运行
品种柔性	生产系统从生产一种产品快速转换为生产另一种产品
工艺柔性	制造系统内为适应产品或原材料变化而改变相应工艺
维护柔性	采用多种方式查询、处理故障，保障生产正常运行
扩展柔性	当生产需要的时候，可以很容易地扩展系统结构，增加模块，构成一个更大的系统
运行柔性	用不同的机器、材料、工艺流程来生产一系列产品

柔性生产技术虽然能够帮助制造型企业增大利润，但是相比于传统的生产技术，柔性生产技术的成本较大，如何在柔性生产技术带来的利润增长与成本增加之间进行权衡，以增大其自身的效用是对成本因素比较敏感的制造型创业企业决策者需要考虑的关键问题。因此，深入研究制造型创业企业的柔性技术选择和产能决策过程，及其影响因素能够为制造型创业企业决策者提供一定的决策参考，提高其应对需求不确定性和市场竞争的能力，进而帮助其更好的生存和发展。我们将柔性生产技术选择与产能决策引入制造型创业企业运营决策的研究中，一方面拓展了创业理论的研究内容；另一方面也能够为制造型创业企业的决策者提出有益于其发展的建议，帮助其做出正确的决策。

二、研究内容与技术路线

（一）研究内容

本书在国内外有关创业企业运营决策研究的基础上，引入产量柔性和品种柔性两种柔性生产技术，系统研究了制造型创业企业的柔性生产技术和产能决策，并进一步研究了制造型创业企业产量柔性生产技术与品种柔性生产技术之间的关系。本书不仅丰富了以往有关创业理论的研究，还将有关柔性生产技术与产能决策的研究拓展到了创业企业层面，能为制造型创业企业的决策者提供一定的决策参考，共包含以下八个章节：

第一章：绪论。

首先论述了研究的背景和意义，对创业企业进行了界定，针对制造型创业企业的生存现状，提出了拟解决的问题。基于此，确立了研究内容以及研究的技术路线和研究方法，提出了研究的创新点。

第二章：文献综述。

分别从创业企业运营决策的研究和柔性生产技术的研究两个方面出发，对国内外目前的研究成果进行了综述。首先从创业研究出发，逐步深入到创业企业运营决策的研究，阐述了当前国内外有关创业企业运营决策研究的进展；其次对不同学科中柔性生产技术的研究进行了综述；最后进一步对柔性生产技术间关系的研究进行了概括。

第三章：制造型创业企业产量柔性技术选择与产能决策研究。

以制造型创业企业为研究对象，研究了其产量柔性技术和产能决策。构建制造型创业企业的产量柔性技术选择及产能决策模型，研究产量柔性技术和无柔性技术下，创业企业的最优产能决策及最大生存概率；通过对比无柔性和产量柔性技术下，创业企业的最大生存概率，研究影响制造型创业企业产量柔性技术决策的因素。

第四章：制造型创业企业与原有企业竞争的产量柔性技术决策。

考虑市场中有一个制造型创业企业和一个行业中原有企业，研究竞争环境下，两者的产量柔性技术博弈。其中制造型创业企业的决策目标为生存概率最大化，行业中原有企业的决策目标为期望利润最大化。两企业都可以选择产量柔性技术或无柔性技术，以传统博弈论为基础，通过对比分析不同竞争策略下，制造型创业企业的最大生存概率以及行业中原有企业的最大利润，研究两企业的博弈均衡以及竞争均衡的影响因素。

第五章：制造型创业企业品种柔性技术选择与产能决策研究。

以生产两种产品的制造型创业企业为研究对象，研究其品种柔性生产技术选择和产能决策。通过构建品种柔性和无柔性技术下，制造型创业企业的产能决策模型，分析两种技术下，制造型创业企业的最优产能及最大生存概率，从而研究其品种柔性技术决策，并进一步研究制造型创业企业的品种柔性技术和产能决策与行业中原有企业的不同之处。

第六章：竞争环境下制造型创业企业品种柔性技术与产能决策。

考虑制造型创业企业与原有企业相互竞争，研究两者的品种柔性技术博弈。设两企业的决策包含两个阶段：第一阶段为建设期，企业进行生产技术的选择，两企业都可以选择品种柔性技术或无柔性技术；第二阶段为生产期，企业决定两种产品的产量。先用逆推法求解不同竞争策略下，两企业的最优产能决策及最大效用，进而研究两企业的竞争均衡。

第七章：制造型创业企业产量柔性与品种柔性技术的关系研究。

以制造型创业企业为研究对象，研究产量柔性技术和品种柔性技术之间的关系。考虑制造型创业企业生产两种产品，可以选择产量品种柔性技术、产量柔性技术和品种柔性技术三种，研究不同柔性技术下，制造型创业企业的最优产能决策与最大生存概率，探讨制造型创业企业选择不同柔性技术的条件及其柔性技术决策的影响因素，进而研究制造型创业企业产量柔性技术与品种柔性技术之间的关系。

第八章：总结与展望。

对研究进行了总结，并在其基础上提出了研究的不足之处，对未来可能的研究方向进行了展望。

（二）技术路线

本书的技术路线如图1-1所示，首先提出所研究问题的研究背景，使得研究根植于当前制造型创业企业的实践背景，致力于解决制造型创业企业在实践中遇到的问题；然后对国内外相关文献进行了综述，将文章建立在一定的理论高度上；在文献研究的基础上展开主体部分研究。

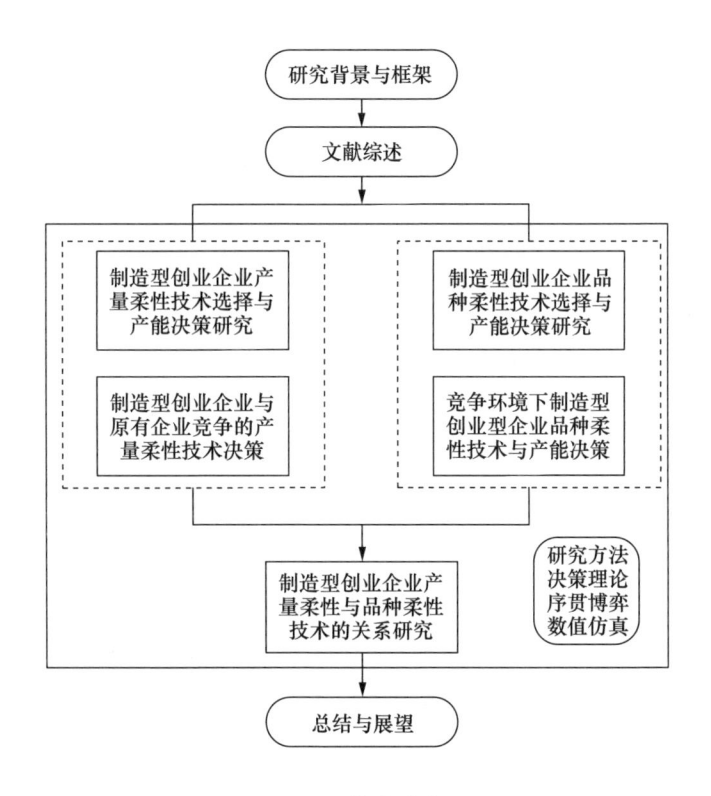

图1-1 技术路线图

主体部分首先将产量柔性生产技术的研究引入制造型创业企业的运营

决策研究中；然后将研究扩展到竞争情况下，这部分研究采用了传统博弈论的求解方法；随后考虑制造型创业企业生产两种产品，研究其品种柔性生产技术与产能决策；并进一步将研究扩展到竞争情况下，分析制造型创业企业与行业中原有企业竞争的品种柔性生产技术博弈；在主体的最后部分，将产量柔性生产技术与品种柔性生产技术结合起来，研究制造型创业企业产量柔性生产技术和品种柔性生产技术之间的关系。

在整个主体部分的研究中采用了博弈论、决策与对策理论等方法，一方面对所研究问题进行了理论推导，另一方面采用了理论研究与数值实验相结合的方法，用数值实验进一步验证理论研究结果的有效性。最后一部分对主体部分的研究内容进行了总结，并提出了后续的研究方向。

三、研究创新点

本书的创新点主要包括如下几个方面：

（1）将创业理论的研究与制造企业产量柔性技术决策的研究结合起来，得出了制造型创业企业选择产量柔性技术的条件及其产能决策。以生存概率最大化为制造型创业企业的决策目标，建立了制造型创业企业的产量柔性技术与产能决策模型。以往研究表明，行业中原有企业选择产量柔性技术的概率随着需求方差的增大而增大。而研究结果却发现，制造型创业企业在进行产量柔性技术决策时，比较关注产量柔性技术的成本因素，其选择产量柔性技术的概率随着产量柔性技术单位产能成本的增大而增大。

（2）建立了制造型创业企业与行业原有企业竞争情况下，两者的产量柔性技术博弈模型，模型中两企业都可以选择产量柔性技术或无柔性技术，得出了两者的竞争均衡以及各均衡策略的条件。研究结果表明，在与原有企业的竞争中，制造型创业企业选择成本较小的无柔性技术能够增大其生存概率。而在竞争中，行业中原有企业更加关注需求波动因素，当市场需求的波动较大时，行业中原有企业倾向于选择产量柔性技术，反之会选择无柔性技术。

（3）创新性地将品种柔性技术决策的研究引入制造型创业企业运营决策的研究中，考虑制造型创业企业生产两种产品，得出了其品种柔性技术与产能决策。并进一步探讨了制造型创业企业的品种柔性技术决策与行业中原有企业的不同之处。当可选技术有品种柔性技术和无柔性技术两种时，相比于行业中原有企业，制造型创业企业更倾向于选择无柔性技术。当品种柔性技术与无柔性技术的单位产能成本相差较小时，制造型创业企业选择品种柔性技术的概率增大。

（4）构建了制造型创业企业与行业中原有企业的竞争博弈模型，在模型中两企业生产两种产品，都可以选择品种柔性技术和无柔性技术。得出了竞争环境下，两企业品种柔性技术博弈的纳什均衡，分析了纳什均衡的影响因素。研究结果表明，在竞争中，创业企业应选择无柔性技术；当产品市场需求的波动较大时，原有企业应选择品种柔性技术，反之应选择无柔性技术；当两种产品市场总需求较大时，原有企业选择品种柔性技术能使其获得更多的收益。

（5）将品种柔性技术与产量柔性技术结合起来，研究制造型创业企业产量柔性技术和品种柔性技术之间的关系。得出了当可选技术有产量品种柔性技术、产量柔性技术和品种柔性技术三种时，制造型创业企业选择不同柔性技术的条件，以及产量柔性技术与品种柔性技术之间的关系。研究结果表明，在品种柔性的基础上增加产量柔性，能够提高制造型创业企业的生存概率，而在产量柔性的基础上增加品种柔性技术却不一定有益。此外，随着市场容量的增大，制造型创业企业选择产量品种柔性技术的概率减小。

第二章 文献综述

本章分别对创业研究、创业企业运营决策研究、柔性生产研究和柔性生产技术之间的关系进行了综述，为后续主体部分的研究奠定基础。首先，从创业研究开始，逐步深入到创业企业运营决策的研究，从5个方面着手，对创业企业运营决策的研究进行了综述；其次，以柔性生产的综述研究为基础，对相关的研究进行了总结和梳理，包括生产系统柔性的度量、生产柔性的价值等；最后，综述了柔性生产技术间关系的相关研究。

一、引言

制造型创业企业柔性生产技术选择与产能决策属于创业企业的运营决策，是创业企业研究与运营管理研究的交叉研究领域。当前国内外对运营管理的研究已相对成熟，但大部分都是以具有一定规模的成熟企业为研究对象，研究重点是成熟企业的资源优化问题，即如何以最少的资源投入获得最大的收益，有关创业企业运营决策的研究尚处于起步阶段，相关研究主要包括的内容（Graves & Tomlin, 2003; Carrillo & Gaimon, 2004; Sommer & Loch, 2004; Ramachandran & Krishnan, 2008; Siemsen, 2008; Bensoussan et al., 2009; Kavadias & Sommer, 2009; Kornish & Ulrich,

2011）如图 2-1 所示。

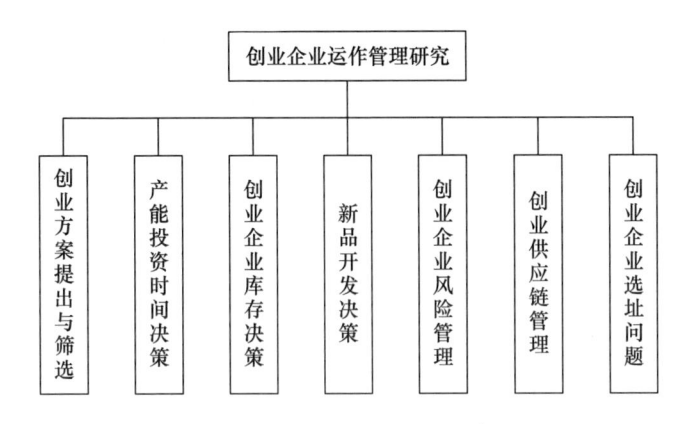

图 2-1 创业企业运作管理相关研究

与本研究相关的文献主要包括创业企业运作管理研究和柔性生产技术研究两个方面，下面将分别对这两个方面的研究进行综述。

二、创业研究

（一）综述

从著名经济学家 Cantillon（1775）提出创业研究开始至今，创业已经成为经济发展的原动力。研究人员从各方面开展了有关创业的丰富研究，创业企业作为创业活动的主体，成为创业理论研究的重点。这些研究包括创业企业活动的诸多方面。创业是将不同的社会资源结合起来，以创造更大的社会价值的过程（Audretsh & Thurik，2001）。早期的创业研究是一个多学科交叉的研究领域,从事创业研究的学者来自很多不同的学科领域(Wiseman & Skilton,1999),包括经济学(Parker,2005;Minniti & Lévesque,2008)、社会学、组织行为学(Adler et al.,1999;Ramachandran & Krishnoon,2008;Kornish & Ulvich,2011)、金融学(Shane,2000;Echhordt et al.,2006;Kabnins & Chang,2006)以及运作管理等不同的学科。

当前随着创业活动的日渐活跃,创业研究也受到了研究人员的关注(Acs et al.,2004),创业研究的文献也开始逐步从管理类刊物中分离出来,形成了较专业的创业研究刊物,如《金融时报》认可的前45种顶级商业刊物中的ETP(*Entrepreneurship Theory & Practice*)和JBV(*Entrepreneurship Theory & Practice*)。但是对该领域有杰出贡献的研究成果尚不多见,长期以来,创业研究都处于停滞不前的状态(Shane,2006),这是因为影响创业成功的因素太多,使得从事创业研究的学者对能否形成预测创业企业成功的理论持怀疑态度。纵观有关创业研究的学术成果,我们发现,不同时期的国内外创业研究学者都有对创业研究未来发展方向的探索。

Lowz和Macuillan(1988)在以往研究的基础上,提出了创业研究人员在未来应关注的一些方向,主要包括创业研究的目的、创业研究应关注的重点以及创业研究应该采用的研究方法。

Amit等(1993)探讨了创业研究未来发展的挑战,提出通过结合不同的视角,应用其他相关研究领域的分析、实证和实验等工具,能够解决创业研究中提出的一些问题,如创业企业如何才能更好地生产、创业企业的决策者怎样进行决策以及什么样的环境才能培育出比较成功的创业活动等。

Shane和Venkataraman(2000)总结了以往不同的社会科学领域和商业应用领域中的创业研究,提出了一个创业研究的概念框架,并在该理论框架下,解释了一系列在以往框架下未得到解决的现象,还对在该理论框架下可能出现的研究成果进行了科学的预测。

Busenitz等（2003）通过对1985~1999年在顶级管理类刊物上发表的有关创业研究的文献进行梳理和分析，探讨了创业研究的历史及创业研究的未来发展方向，研究认为专注于创业时机、创业的主体、创业企业的组织模式以及创业环境的研究能够使创业研究更好地区别于其他领域的研究；还提出了对创业研究有帮助的研究方法，包括决策论和网络理论等。

Wang和Chough（2013）将创业研究和学习结合起来，强调了学习在创业过程中的重要性，认为创业学习不仅应该研究创业者应如何在创建以及管理创业企业的过程中学习，还应该研究创业学习的具体流程，对创业学习进行综述，并提出了创业学习的未来发展方向。

Krishnan（2013）通过重申创业企业在经济增长以及促进就业方面的作用，探讨了运作管理研究在技术商业化以及创业研究方面的研究机会，认为将运作管理研究的方法应用到创业研究领域将大有可为，运作管理领域的学者应关注创业企业的研究。他提出运作管理的研究目的是"用较少的投入得到较多的收益"，而对于资源和资金有限的创业企业来说，运用运作管理的方法能够更好地提高其运营效率和生存概率，进而使其更好地发展。

国内学者也从不同角度对创业研究的未来发展方向进行了探讨：张玉利（2003）探讨了个体创业与公司创业之间的差异，为创业管理领域的后续研究提出了方向。蔡莉等（2006）提出了基于流程视角的创业研究框架，指出了创业研究未来可能的研究领域。张玉利、杨俊（2009）也探讨了创业研究的学术贡献。丁明磊等（2009）研究了创业效能感及其对创业意向的影响。陆园园、张红娟（2009）对3本国际顶级创业管理期刊上发表的中国创业研究的文章进行了梳理，提出了未来中国创业研究的发展方向。余绍忠（2013）对创业绩效研究进行了总结和概括，提出了创业绩效研究的未来发展方向。

（二）研究分类

根据以上有关创业研究的综述可以看出，当前的创业研究主要从创业在促进经济增长和就业方面的作用、创业环境研究、创业企业成功的关键要素研究、创业企业资金问题研究、创业企业生存能力评价研究、创业绩效研究、创业企业家的决策模式研究、创业企业市场进入时机研究、创业企业组织模式研究 9 个方面展开，具体如图 2-2 所示。

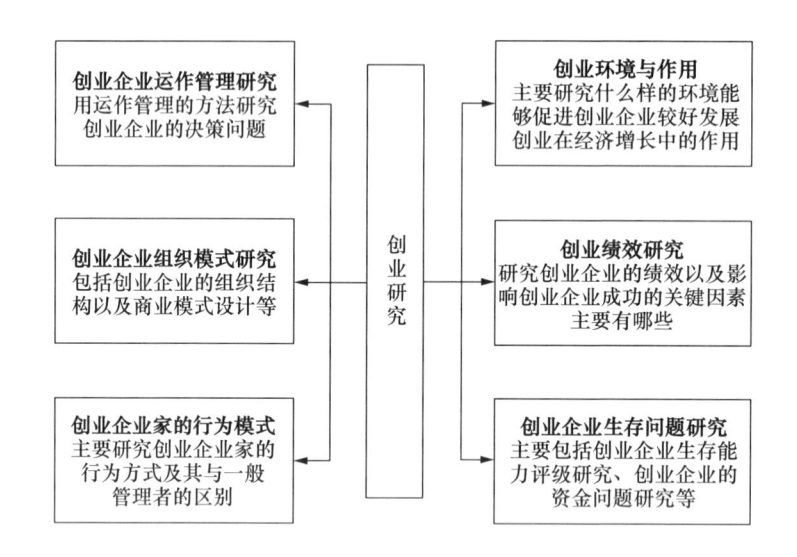

图 2-2　创业研究的不同方面

下面我们将分别从这些方面对创业研究进行相关的综述，国外学者的研究主要包括以下几个方面。

1. 创业企业家的决策模式

创业企业家往往需要承担较多的风险，决策模式也与原有企业不同（Begky & Boyd，1988）。Busenitz 和 Barney（1997）探讨了创业企业家的决策模式与大企业管理者的决策模式的不同之处，认为创业企业决策者更容易使用行为偏好和启发式的决策模式，并提出在环境不确定性较大的情况下，决策偏好和启发式是更加有效的决策模式。Chen 等（1998）探讨了 SES（自我效能建设）在区别创业企业家与普通管理者之间的作用，SES 是指一个人对自己能够成功并且成功担任企业家角色的信仰，包括营销、管理、创新、承担风险和财务控制。其研究结果表明自我效能指标能够很好地区别创业企业家与普通管理者。

2. 创业在促进经济增长和就业方面的作用

创业在促进经济增长和社会就业方面发挥着非常重要的作用（Birch, 1987; Carree & Thurik, 2005），研究人员通过分析不同类型的宏观经济数据，研究了创业对经济增长及就业的促进作用。Wenneckers 和 Thurik（1999）通过总结不同学科中有关创业研究和经济增长的相关文献，探讨了创业与经济增长之间的因果关系，并为后续相关方面的实证研究提供了研究思路。Carree 等（2002）通过对 23 个 OECD 国家 1976~1996 年的数据进行分析，探讨了创业与经济增长之间的关系，研究结果表明较低的行业进入和退出壁垒是经济较好发展的必要条件。Wong 和 Hc（2005）利用全球创业观察（GEM）发布的数据研究了创业与宏观经济增长之间的关系，认为较高的创业指标 TEA 对经济增长有较好的解释作用。Bjornskov 等（2013）利用世界银行和 Fraser 研究所的经济自由数据验证了战略创业以及鼓励创业的体制因素在经济增长中的作用。这一类型的研究都从不同角度对创业的经济促进作用进行了实证检验，说明了创业研究的意义，为后续相关的创业研究奠定了理论基础。

3. 创业企业生存问题研究

创业企业与成熟企业不同，由于资金的缺乏，往往面临较大的破产风险（Mc Mullen & Shepherd, 2006; Mosey & Wrignt, 2007），这使得创业企业生产问题的研究成为创业研究的重要方面。Shepherd（1999）研究了创业企业生存能力的评价标准，并提出了风险投资家比较看重的评价指标，不仅为创业企业的融资活动提出了建议，也为投资于创业企业的风险投资家提供了一定的参考，帮助提高风险投资家的评估效率。此外，多数创业企业面临着资金缺乏的问题，因此其财务决策也不同于行业中原有企业（Mc Mahon et al., 1993）。Babich 和 Sobel（2004）研究了首次公开募股的创业企业的运营决策以及财务决策，探讨了首次公开募股的最佳时间，以及如何协调创业企业的运营决策和财务决策以增大首次公开募股的成功率。Bayus 和 Agarwal（2007）研究了市场进入时机，及先进入的经验对技术活跃行业中创业企业和多元化大企业的产品战略的影响，发现相比于多元化的大企业，后进入市场的创业企业能够较好的生存。Davidssont 和 Honig（2003）研究了初始社会资本和人力资本对创业企业生存概率的影响。创业企业能否成功生存是创业企业决策者关心的重要问题，以此为契机，众多研究人员从不同角度对创业企业生存的影响因素展开了多方面的研究。

4. 创业企业组织模式研究

组织模式是创业企业成功与否的关键因素之一，Shan（1990）研究了高技术创业企业的组织战略，研究发现高技术创业企业在商业化其新产品的过程中，倾向于选择合作运营的组织模式。Zott 和 Amit（2007）研究了创业企业的商业模式设计，通过对美国和欧洲证交所 190 家创业企业数据的调研，探讨了以效益为主的商业模式和以新颖为主的商业模式对创业企业绩效的影响。研究结果显示以新颖为主的商业模式会对创业企业的绩效产生影响；将以新颖为主的商业模式和以效益为主的商业模式结合起来会适得其反，可能对创业企业的绩效产生不良影响。Zimmerman 和 Zertz（2002）研究了合法性对创业企业生存和发展的重要性，探讨了创业企业获得合法性的战略，以及创业企业应进行合法性建设的过程。其他文献（Starr & Macmillan，1990；Hunt & Aldrich，1996）也研究了合法性对创业企业成功的重要性。

5. 创业绩效研究

创业企业的运营绩效是创业研究的重要方面，不同的研究人员从不同的角度研究了创业企业运营绩效的影响因素。Cooper 等（1994）试图根据创业之初的人力和财力资本来预测创业企业的运营绩效，提出了当初始人力和财力资本不同时可能出现的三种不同的结果：企业破产边缘、生存和发展。Lee 等（2001）通过对 137 家韩国科技创业企业的数据分析，研究了内部能力和外部网络关系对创业企业运营绩效的影响，以销售增长作为创业企业运营绩效的指标，研究结果表明内部能力对创业企业运营绩效的影响较大，而外部网络关系中对创业企业运营绩效影响较大的是其与风险投资公司的关系。其研究中还提出创业环境对创业企业运营绩效的影响将是一个很有意义的研究方向。Stam 和 Elfring（2008）研究了社会资本对创业取向与创业企业运营绩效间关系的影响，发现高度的网络中心性和广泛的桥接性连接，能够增强创业方向和创业企业运营绩效之间的关系。

6. 创业企业绩效的研究

杜建华等（2009）和姜翰等（2009）研究了企业社会资本与创业绩效之间的关系。张玉利、李乾文（2009）研究了组织的双元能力在创业导向转换为组织绩效中的作用。马鸿佳等（2009）研究了创业导向与企业绩效之间的关系。胡望斌、张玉利（2011）从实证角度研究了新企业创业导向转换为绩效的新企业能力。

7. 科技型创业企业研究

侯合银、王浣尘（2003）利用模糊逻辑给出的可持续发展能力评价模型对高技术创业企业的可持续发展能力进行了评价。赵敏等（2005）利用实物期权研究了科技创业企业的并购价值。吴冰、王重鸣（2006）利用非参数方法和半参数模型对高技术创业企业的生产进行了分析，认为半参数模型能够对高技术企业的数据进行较好的拟合。蔡莉、柳青（2008）研究了科技型创业企业集群的资源共享问题。

三、创业企业运营决策研究

创业企业运营决策研究是创业研究与运作管理研究的交叉研究领域，着眼于研究创业企业如何以有限的资源完成企业的生存、发展和扩张，是创业企业研究的重要方面之一，贯穿整个创业价值链（Joglekar & Lévesque，2012），包括发现和评估创业机遇的探索阶段、人力和财力的投入阶段、将机遇转化为能生产产品的商业活动组织阶段、创业企业的成长阶段。但是高水平的研究成果还比较少见（Shane & Ulrich，2004）。不同于行业中原有企业，创业企业常常面临着更加激烈的竞争（Babich et al.，2007；Benz，2009），以及较大市场不确定性和破产风险（Bomanelli，1989；Greenwald & Stiglitz，1990；Hariharall & Brush，1999；Wu，2006），因此，创业企业的运营决策也不同于行业中原有企业，应以生存概率最大化为目标，先求顺利生存，再图长远发展（Nickel & Rodriguez，2002）。Joglekar 和 Lévesque（2013）与 Krishnan（2013）都对当前创业企业运营决策的研究成果做了详尽的综述，并提出了创业企业运营决策研究的未来发展方向。Kickul 等（2011）对运作管理，创业研究和价值创造间的跨学科研究进行了综述，提出了这个跨学科领域的研究机会。当前有关创业企业运营决策的研究主要包括如下几个方面：

（一）创业企业生产能力研究

生产能力是反映企业生产可能性的一个重要指标，生产能力有狭义与广义之分。狭义的生产能力是指在既定的组织技术条件下，企业所能处理的原材料数量或者能够加工的产品数量。广义的生产能力包括很多方面（Swink & Hegarty，1998；Boyer & Lewis，2002；Van Mieghem，2003），如企业能否始终如一地生产出符合质量要求的产品、是否具备产量柔性和品种柔性以很好地应对市场需求的变化、是否能很好地进行成本控制等都属于生产能力研究的范畴。

当前有关创业企业生产能力的研究主要包括实证研究和模型研究两个方面。Terjesen 等（2011）通过采集英国 167 家高技术创业企业的数据，研究了高技术创业企业的生产能力与企业绩效之间的关系，发现生产能力能够很好地预测创业企业的绩效；此外，二者间关系与创业企业所处的环境和联盟紧密相关，联盟关系的多样性、创业环境的稳定性和资源丰富性能够提高生产能力的价值。Patel（2011）研究了生产柔性对协调创业企业面临的环境不确定性和企业规范化之间关系的作用，提出创业企业一方面可以通过规范化的结构来满足制度环境的要求，另一方面可以利用生产柔性来应对作业环境的不确定性。创业企业常常受困于内部资金的短缺，Boyabatl 和 Toktay（2011）构建了内部资金短缺情况下，企业的产能投资决策模型能为同样面临资金短缺问题的创业企业决策者提供一定的参考，模型中假设企业面临着内部资金短缺，需要从外部融资进行产能投资，企业可以选择柔性生产技术或专用生产技术，债权人根据企业选择的技术为其提供资金，最终研究企业应如何进行生产技术选择以及产能决策。Swinney 等（2011）以生存概率最大化作为创业企业的决策目标，研究了市场中新创业企业和行业中原有企业的产能投资时间决策，构建了创业企业与行业中原有企业的竞争模型，认为在竞争中，创业企业倾向于早投资，而行业中原有企业倾向于晚投资。这些研究都以制造型创业企业为研究对象，考虑了制造型创业企业的资金限制问题以及决策目标的不同，为后续的研究奠定了理论基础。

（二）创业企业库存决策研究

由于资金受限，创业企业的库存决策不同于具有一定规模的成熟企业（Archibald et al., 2007）围绕这一主题，研究人员从不同角度研究了创业企业的库存决策问题。

Archibald 等（2002）以生存概率最大化作为创业企业的决策目标，研究了制造型创业企业的库存决策，认为相比于行业中原有企业，创业企业应该选择比较保守的零部件采购策略，但也不能太过保守。Birge 和 Zhang（1999）通过期权理论将风险引入企业的库存决策问题中。Lai 等（2009）提出创业企业以及发展中的企业等都存在资金约束问题，研究了存在资金约束的情况下，供应链上的企业应如何分担库存风险，认为在资金受约束的条件下，供应商采用预售与寄售结合的方式，能够有效地将库存风险分散在整个供应链上。Corbett 和 Fransoo（2007）探讨了传统报童模型能否解决创业企业的库存决策问题，研究结果表明创业企业的库存决策问题依然符合报童模型的逻辑，但是相比于畅销产品，报童模型能更好地解决创业企业高利润产品的库存决策问题。

（三）创业企业与供应链上其他企业关系研究

创业企业的成功依赖于和供应链上其他企业间的合作（Larson，1992；Madhok & Tallman，1998；Wagner et al.，2010），因此，将创业企业置于供应链环境下进行研究能够帮助创业企业更好地生存和发展（Fine，1998；Mendelson，2000），也是当前供应链研究和创业企业研究的重要方向（Mosakowski，1998；Lowe & Ziedonis，2006）。这方面的研究主要如下：

Hora 和 Dutta（2013）研究了创业企业与下游企业的联盟伙伴关系，探讨了联盟关系的深度与广度的组合对创业企业技术创新与商业化（TIC）的影响，认为联盟伙伴关系深度与广度的完美结合能帮助创业企业成功地完成 TIC。Wei 等（2012）分别研究了创业型供应商追求利润最大化或追求生存概率最大化的行为，以及采购方对供应商的补贴对二者最终效用的影响。Fisher（1997）提出了创新型产品适合的供应链不同于功能型产品的供应链，因此，以产品创新的方式进入市场的创业企业所适合的供应链也不同于行业中原有企业。

四、柔性生产研究

当今的制造业正处于一个动荡和不断变化的时代，高水平的顾客定制服务以及高度的市场需求不确定性要求制造企业不断寻求出路，而柔性生产技术能够帮助制造企业随着市场需求和生产系统自身的变化，改变所生产产品的产量或者种类，为制造企业提供了一个应对系统内外部不确定性的有力武器（Zelenović，1982）。下面我们从三个方面来总结当前有关柔性生产的研究。

（一）柔性生产的综述研究

柔性生产又叫柔性制造，一直是经济学研究中的一个重要课题，19世纪70年代，在采用中小批量生产方式的制造企业中被广泛使用；有关柔性生产的研究到了19世纪80年代最为繁盛；截至目前，柔性生产技术的研究开始上升到企业战略层面。按照生产等级来划分，生产柔性主要包括如图2-3所示的三个层次。

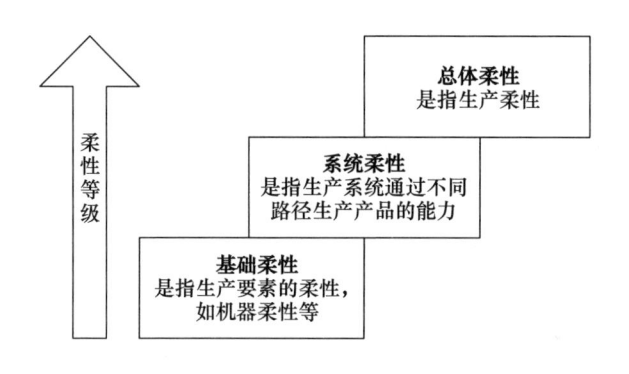

图2-3 生产柔性的层次

资料来源：Nof S Y, Barash M M, Solberg J J. Operational Control of Item Flow in Versatile Manufacturing Systems. Int J Prod Res, 1979, 17 (5)：479-489.

不同时期的研究人员都有从不同角度对柔性生产的综述，概括了柔性生产的以往研究，并提出了柔性生产研究未来可以扩展的方向，主要包括以下内容：

Jones和Ostroy（1984）对经济学中柔性概念的研究进行了追溯，将生产柔性的价值与决策者能够获得的期望信息结合起来，研究了生产柔性与环境不确定性之间的关系。

Slack等（1987）研究了企业管理人员对柔性生产的认识，为柔性生产的分析和研究提供了有用的实证基础框架，提出了柔性生产研究中比较重要的命题，如柔性生产技术是广泛适用的，还是仅仅适用于特定的情况？柔性生产技术在什么情况下是最重要的，为什么？柔性生产技术的类型有哪些，不同的柔性生产技术分别适用于哪些不同的场合？怎样对生产系统的柔性程度进行评估或非正式的判断？为了进行资本预算，如何正式评估生产系统的柔性等？

Adam 等（1989）从战略角度对运作管理的重要性进行了评估，研究了运作管理中的若干重要问题，提出了生产成本、产品质量以及柔性生产技术是生产战略的重要方面。

Bolwijn 和 Kumpe（1990）概述了随着新市场需求的出现，制造型企业的进化过程。认为制造企业必须满足特定的市场需求，并随着市场需求的变化表现出不同的特性。研究结果表明，19世纪90年代，创新已成为除了现有的生产效率、产品质量和生产柔性以外的最重要的市场需求。描述了制造型企业从追求效率到追求质量再到追求生产柔性，直至最终的追求创新的演变过程。在整个企业类型演变过程的研究中，其还考虑了从一个阶段到下一阶段演变中可能会出现的危机。认为制造企业的演变应该遵循这样一个过程，要跨越某一个发展阶段是比较困难甚至是不可能的。同样的，在企业尚未完成上一阶段的进化过程中所需要的任务时，很难进入下一阶段的发展。

Sethi 和 Sethi（1990）从组织学和经济学中有关柔性生产的研究出发，概括了柔性生产的研究，定义了制造业中几种不同的柔性生产方式，提出了不同柔性生产方式的目的及其获得方式，并探讨了生产柔性的评估办法，研究了不同柔性生产方式之间的关系，提出了柔性生产的未来研究方向。

生产柔性的概念包括两种：一是从状态的角度来定义生产柔性，即生产系统在不同工作条件下进行工作的能力；二是从行动的角度来定义生产柔性，即生产系统在短时间内，用较少的成本从一种状态转换为另一种状态的能力。De Toni 和 Tonchia（1998）对生产柔性的研究进行了分类和总结，从七个不同的角度对柔性生产的研究进行了综述：一是生产柔性的概念；二是生产柔性的要求；三是生产柔性的分类；四是生产柔性的度量；

五是如何进行生产柔性的选择；六是对生产柔性的解释；七是提出了生产柔性未来的研究方向。

Barad（2013）回顾了柔性概念的发展，将当前有关柔性生产研究的发展概况分为两个阶段：第一个阶段是自下而上的研究，即从生产柔性的要素出发，研究整个柔性生产系统；第二个阶段是自上而下的研究，即将柔性生产作为一种战略来研究，进而研究为达到柔性生产的战略目标需要的资源。提出只有具有柔性能力的组织才能够在不断变化的环境中维持稳定的运作绩效。

（二）生产系统柔性的度量研究

生产柔性是指生产系统应对多变的环境需求的能力（De Groote, 1994），该能力的大小即生产系统的柔性程度，可以从两个维度进行度量：一是时间维度；二是状态维度。具体如图 2-4 所示。

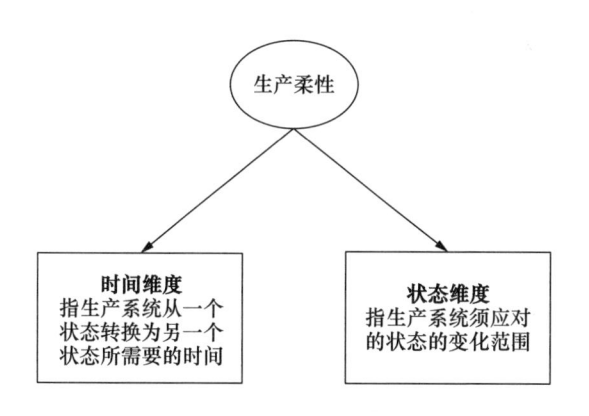

图 2-4　生产柔性度量维度

生产系统的柔性程度可以用柔性等级进行度量：Slack（1988）利用柔性等级对生产系统的柔性进行了评估，提出了制造企业中常用的几种不同的柔性生产技术的框架，并将其与企业的长远目标结合起来，评估了不同的柔性生产技术的等级。Gupta 和 Groyal（1989）根据研究人员对柔性生产技术概念及其度量方法的研究,对柔性生产技术的概念和柔性度量方法的研究进行了概括和分类。

Brill 和 Mandelbaum(1989)对生产系统的好坏进行了量化,提出了生产柔性的几种不同的测量方法及其特点,这些生产系统柔性的测量方法可以为制造企业的决策者提供一定的决策支持,帮助其进行生产系统和生产设备的选择,做出产品的生产决策,在现有的生产系统中增加生产设备,也能为设备生产者进行特定行业生产设备的设计提供建议。

此外,生产柔性还可以用可选决策的数量来衡量,Mandelbaum 和 Bazacott(1990)运用决策理论研究了一个两阶段决策问题,研究结果表明当效用函数为独立同分布时,生产柔性的价值可以通过很少的科学决策数量进行衡量,因此在实践中,当可选决策的数量较大时,没有必要对其进行准确的计数。

Ramasesh 和 Jayakumar(1991)利用基于价值的方法研究了生产系统柔性的度量,提出了一个随机数学规划模型,利用该模型一方面能够对不同的生产柔性维度建模,另一方面能够帮助确定所有可能状态下净收益的分布。此外,他们还用该模型有效解决了实际情况中遇到的问题,并用数值实验说明了不同的生产柔性的价值取决于其所带来的系统收益的增加。其研究结果表明,将不同的生产柔性结合起来能够产生协同收益。

Koste 和 Malhotra(1999)提出了生产柔性维度研究的理论框架,为生产柔性的度量提供了理论技术,首先通过对生产柔性不同流派研究的分析,提出了生产柔性的四个组成要素,这四个组成要素可用于定义各种不同类型的生产柔性;其次用这四个组成要素定义了 10 种不同的制造柔性;最后提出了这些柔性的作用,认为它们一方面涵盖了制造柔性的不同方面,另一方面,促进了制造柔性度量理论的快速发展。

Srivastava 和 Bansal(2013)通过对 500 家印度企业的财务报表进行分析,评估了这些企业的产量柔性。首先,按照销售收入将这 500 家企业分为三类,研究结果表明,较小的企业通过利用生产技术支持其产品输出的变化来获得产量柔性的优势,但这并不能改善其财务状况;当同时考虑需求的不确定性、企业技术和财务绩效时,大企业具有更好的产量柔性能力;研究结果还表明这些企业的库存波动并不一定与企业收支状况一致,也说明了相比于经济发达国家,印度企业在库存控制方面还做得不够好。Eisenhardt 和 Martin(2000)研究了生产组织动态能力的重要性,认为柔性生产能力是企业动态能力中较为重要的一种。

(三)生产柔性的价值研究

运作管理中有关柔性生产技术的研究始于 19 世纪末,Buzacott 和 Yao(1986)对有关柔性制造系统(Flexible Manufacturing System,FMS)的模型研究进行了综述,并提出了柔性制造系统研究的影响与意义,及其在生产计划与控制中面临的新的问题和挑战。

随着顾客需求种类的日益繁多,企业需要不断地进行产品更新,传统的生产技术已经不能很好地满足不断变化的市场需求,柔性制造系统概念的提出源起于传统的批量生产方式的固有缺点,相比于传统的批量生产方式,柔性生产能够提高设备的利用率(Buzacott & Shanthikumar,1980;Gunn,1882),使生产单位能够很好地应对需求的不确定性,降低库存及成本,从而提高制造企业的竞争力(Williamson,1967;Dupont - Gatelmanel,1982),因此柔性生产方式从提出至今发展迅速,有关柔性生产技术的研究也日渐繁盛。这些研究都从不同的角度探讨了柔性生产技术应对不确定性的能力,验证了在复杂和多变的环境中,柔性生产技术强大的应变和风险抵御能力。

柔性生产技术能给制造企业带来收益,日本、韩国的很多制造企业之所以能够在市场竞争中取胜,都得益于其生产系统的柔性及其对柔性生产技术的采纳(Beach et al.,2000)。De Meyer 等(1989)在其研究中提出了柔性生产将是制造企业在未来竞争中取胜的重要法宝,通过对日本、欧洲和北美较大的制造企业进行调查,研究了柔性生产的未来发展方向,提出日本企业一直致力于平衡柔性生产技术所带来的收益与成本,而欧洲和美国的大型制造企业尚未抓住机遇,利用柔性生产技术来加快生产和设计以降低生产成本，还依赖于传统的成本控制方式来降低成本、保证质量，为柔性生产技术的采用搭建基础和平台。

部分研究人员通过采集企业的实际数据，对生产柔性的价值进行了实证研究，Fiegenbaum 和 Karnani（1990）通过收集 1979~1987 年 3000 多家小企业的数据，研究了小型生产企业的产出柔性，认为小型企业有改变其产出的意愿；小企业可以通过协调成本与产量柔性之间的关系来增加自己的利润，从而提高竞争力；此外，其研究结果还表明产出柔性在不稳定和资本密集的行业具有重要的意义，但在其他行业中未必可行。

制造企业要想在市场竞争中取胜，企业必须将产品多样化的市场战略与柔性生产战略结合起来，当两者不匹配时，产品多样化战略只会产生多余的成本，而不会给企业带来更多的收益。因此，企业必须在产品销量、成本和利润之间进行较好的权衡取舍。Berry 和 Cooper（1999）研究了柔性生产技术在产品多样化战略中的作用，提出产品多样化能够为不同的细分市场提供不同的产品，采用产品多样化战略的企业能够满足不同的顾客需求，从而可以收取更高的价格，卖出更多的产品，增加企业的营业收入，提高生产企业的竞争力。

Fernandes 等（2012）通过对一个符合产品组合定义的工业企业的实际操作经验进行调查，探讨了产品组合战略和生产柔性之间的关系。利用金融学中的实物期权模型，生产运作以及产品管理的相关理论，他们还研究了制造企业的柔性生产技术投资决策，这些决策能够帮助制造企业增加其设备的柔性，满足不断变化的客户需求，生产出符合标准和顾客定制要求的产品。

对外界环境的适应能力是衡量公司绩效的一个重要指标，Kumar 和 Stglianou（2013）采用实证研究方法，从信息系统的角度探讨了生产柔性的价值，并利用扎根理论和内容分析研究了如何更好地理解和管理信息系统。此外，还提出了管理信息系统柔性的过程模型，这个过程模型包括如何理解环境因素，辨识柔性为什么重要的原因，识别柔性的类型以及利益相关者，诊断组织需要的柔性类别等。

Kim 和 Park（2013）考虑制造企业生产过程的控制能力、处理内在与外在不确定性的柔性水平，以及协调整个供应链上不同部分的功能，以完成产品创新，提高运作效率的整合能力，并研究了这三种能力之间的关系。假设控制能力和柔性能力之间存在一个内在的权衡，而整合能力能够帮助企业达成其余两种能力之间的权衡，帮助企业同时提高其控制能力和柔性水平。他们用193家制造企业的数据验证了该假设，事实证明，制造企业的控制能力和柔性水平之间的关系是一个下凸函数，即在不同条件下，两者的关系可能为正相关也可能为负相关；此外，为了使两种能力之间的关系为正相关时，制造企业需要在供应链整合方面付出更多的努力，进行更多的沟通和协调，从而将企业控制能力和柔性水平之间的矛盾降低到较小的程度。

运作柔性能够帮助企业缓解风险，Van Mieghem（2007）在报贩模型的框架下研究了资源多样化、柔性、风险分担以及对冲在风险缓解方面的作用，认为柔性能够帮助企业提高收益。

Chang 等（2003）用实证方法研究了中小企业的生产柔性与企业发展战略，通过收集中国台湾地区87家机械和机床制造业的数据，分析了不同种类的生产柔性，探讨了适用于中小企业的柔性生产技术。其研究结果表明，柔性生产技术和中小型制造企业的长远发展战略一致，才能发挥出更大的作用。此外，该研究还提出了与不同的企业发展战略相对应的柔性生产技术，以帮助中小企业的决策者根据其自身的发展战略选择不同的生产柔性。

以往研究认为企业发展战略和生产柔性对组织绩效的影响是相互独立的，Gupta 和 Somers（1996）通过对269家制造企业进行实地调研，利用路径分析方法研究了企业发展战略、生产柔性以及组织绩效之间的关系，检验了以往的理论研究成果，研究结果表明企业发展战略对组织绩效有直接的影响，此外，企业发展战略还能够通过生产柔性对组织绩效产生间接的影响。

产量柔性能够帮助企业较好地应对市场需求的变化，部分研究人员

(Calantone & Dröge，1999）从实证角度研究了不同维度的供应链柔性，及其与市场不确定性和企业运营绩效之间的关系，发现启动柔性能够帮助企业较好地应对产品的不确定性，产量柔性与企业的整体绩效和市场份额的增长正相关。

五、柔性生产技术间关系研究

柔性生产技术的种类较多，如何根据环境的变化选择比较合适的柔性生产技术是企业决策者需要考虑的关键问题，针对这个问题，研究人员也从不同角度进行了研究和探讨：

Hallgren 和 Olhager（2009）利用实证方法研究了制造企业的产量柔性和品种柔性生产技术之间的关系，首先采集了3个行业、7个国家中的211个企业的数据，其次按照柔性配置对这些企业进行了聚类分析，最后分析了不同类别企业的特征，以及不同的柔性配置对企业运作绩效的影响。研究结果表明不同水平的产量和品种柔性组合下，企业的运作绩效和生产柔性的来源都大不相同。

生产柔性不仅能够帮助企业较好地应对需求的不确定性，还能提高企业的竞争力，Sawhney（2006）同时考虑了生产柔性的主动和被动两种，通过构建生产柔性的转换模型，研究了价值链上生产柔性和不确定性之间的关系，为制造企业决策者的柔性配置决策提供了参考依据，帮助制造企业的决策者进行战略和竞争分析。

Sanchez（1995）从资源柔性和战略柔性的角度研究了动态产品市场中的企业竞争，提出了产品竞争中战略柔性的概念，主要包括两个方面的内容：一是企业可用于生产产品的资源柔性；二是企业将现有资源用于产品市场的协调柔性。此外，该研究还提出了计算机集成制造系统和产品模块化这两种技术能够帮助提高产品的资源柔性。

Iravani 等（2012）利用需求和生产的马尔科夫模型研究了过程柔性和库存柔性的最优控制及两种柔性间的关系，为研究两种柔性间的关系，构建了可动态控制的两产品备货式生产系统，该系统具有加工时间随机和需求随机的特性。

六、本章小结

本章重点对创业企业运营决策和柔性生产技术的文献进行了梳理和综述，为后续研究奠定了基础。

首先，对创业研究和创业企业的相关文献进行了总结和概括：最初的创业研究学者来自经济学、社会学、组织行为学和金融学等研究领域，后来逐渐从其他学科中分类出来，成为了一个独立的研究方向；创业企业的研究是创业研究的重要方面，主要包括创业企业的绩效研究、创业企业进入市场时机研究以及创业企业组织模式研究等。其次，分别从三个方面对创业企业运营决策的研究进行了综述，提出了当前创业企业运营决策研究中存在的问题。最后，以柔性生产的概念为基础，对经济学、组织管理学和运作管理学中的柔性生产技术的研究进行了总结概括，发现当前有关柔性生产技术的研究中对创业企业柔性生产技术的研究还较少。

通过以上文献综述我们发现，当前有关创业企业运营决策的研究尚处于起步阶段，亟待深入。本书将以制造型创业企业为对象，重点选取产量柔性生产技术和品种柔性生产技术，研究制造型创业企业在不同柔性生产技术下的最优产能决策，一方面拓展了创业企业运营决策的研究，另一方面能为制造型创业企业的决策提供一定的参考。

第三章 制造型创业企业产量柔性技术选择与产能决策研究

　　本章以生产一种产品的制造型创业企业为研究对象，假设制造型创业企业在进行生产技术选择时，可能选择产量柔性生产技术或无柔性生产技术，重点研究制造型创业企业的产量柔性生产技术的选择与产能决策问题。以生存概率最大化作为其决策目标，分别探讨产量柔性和无柔性技术下，创业企业的最优产能及最大生存概率，并将结果进行对比，得出了创业企业选择产量柔性技术的条件。研究结果表明，选择产量柔性技术时，制造型创业企业的最优产能小于其选择无柔性技术时的最优产能；制造型创业企业选择产量柔性技术的概率随着产量柔性技术的单位产能成本、单位产量调整成本和负债的增大而减小。因此，制造型创业企业在进行产量柔性技术选择时，应重点关注柔性技术产能成本及负债的大小。

一、引言

　　21世纪我国创业活动活跃，据全球创业观察（GEM）统计，中国全员创业活动指数从2002年的12.3%逐步上升到2007年的16.4%，创业企业作为我国创业经济的重要组成部分也成为当前的研究热点。相比于行业

第三章 制造型创业企业产量柔性技术选择与产能决策研究

中已有企业,创业企业面临较大的市场不确定性和破产风险,如何正确做出运营决策以确保自身顺利生存是其关注的重点。在创业企业需要做出的重要运营决策中,柔性生产技术的选择与产能决策就是其中之一,产量柔性(Volume Flexibility)技术作为最重要的柔性生产技术之一,能够帮助创业企业有效应对需求的不确定性,增大创业企业的生存概率。因此,是否选择产量柔性生产技术以及如何进行产能决策是创业企业需考虑的重要问题,值得深入分析。

近年来,随着全球创业活动的日渐活跃,创业企业的运营决策也开始受到学者的关注(Davidsson et al., 2001; Mowery & Shane, 2002; Ucbasaran et al., 2001; Acs & Audretsch, 2005; De Bruin et al., 2006): Archibald (2002) 首次研究了创业企业的库存决策问题,将生存概率最大化作为创业企业的决策目标,并重点探讨了该决策目标对创业企业库存决策的影响。Swinney 和 Cachon (2011) 研究了创业企业与行业中原有企业的竞争中,两企业的产能投资时间决策,将生存概率最大化作为创业企业的决策目标,以利润最大化为行业中原有企业的决策目标,探讨了二者产能投资时间决策的不同。Tanrisevei 等 (2012) 将生存概率最大化作为创业企业的决策目标,研究了创业企业的研发投资决策,认为创业企业在进行研发投资时,需考虑节约现金以增大其生存概率。Hand (2008) 研究了小型创业企业员工的优先认股权问题;此外,创业企业追求生存概率最大化是由于其面临着较大的破产风险,因此本章还与有关企业破产风险的研究相关。

上述文献都将生存概率最大化作为创业企业的决策目标,从不同方面研究了创业企业的运营决策,但尚未有人研究创业企业的柔性生产技术决策,产量柔性技术作为一种重要的柔性生产技术,是创业企业的理想选择,是否选择产量柔性技术是创业企业决策者需要考虑的重要问题。而当前有关产量柔性技术的研究都是以行业中原有企业为研究对象,Gerwin (1993) 最早对企业柔性生产技术进行了综述,提出产量柔性是生产系统为增大利润而快速改变所生产产品产量的能力,认为当需求不确定性较大时，产量柔性生产技术能帮企业提高竞争力。Upton（1994）研究了企业应如何管理不同的柔性制造技术。黄卫来等（1998a，1998b）研究了产量柔性对企业最优生产批量和原材料订购决策的影响；此外，当企业选择产量柔性技术时，就具备了应对需求不确定性的快速反应能力，因此有关快速反应的研究（Cachon & Swinney，2009；Caro & Martinez-De-Albéniz，2010；Cachon & Swinney，2011；Swinney，2011）也与本研究相关。

由文献综述可以看出，有关企业产量柔性技术决策的研究都是以行业中原有企业为研究对象，将利润最大化作为行业中原有企业的决策目标，到目前为止，尚未有人研究创业企业的产量柔性技术选择与产能决策问题。故本章将在前人研究的基础上，以生存概率最大化为创业企业的决策目标，探讨创业企业的产量柔性和无柔性技术的选择与产能决策。首先，构建创业企业的产量柔性技术选择及产能决策模型，研究产量柔性技术和无柔性技术下，创业企业的最优产能决策及最大生存概率；其次，将研究结果进行对比，探讨创业企业选择产量柔性和无柔性生产技术的条件，并用算例进行验证；最后，提出创业企业在进行产量柔性技术选择与产能决策时需要注意的问题。

二、问题提出与基本模型

（一）问题提出与基本假设

由于制造型创业企业的生产技术选择及产能决策往往发生在筹建期，距离产品生产还有较长一段时间，在这个时期，产品市场容量尚不明确；进入生产期后，产品需求渐趋明确，创业企业可以根据具体的产品需求信息决定产量。据此，本章将构建创业企业的两阶段决策模型：第一阶段为

第三章 制造型创业企业产量柔性技术选择与产能决策研究

筹建阶段，在这个阶段创业企业可以选择产量柔性或无柔性生产技术，并确定产能以最大化生存概率；第二阶段为生产阶段，在这个阶段创业企业进行产量决策。

假设创业企业生产一种产品提供给某市场，该产品的市场容量（需求截距）为 D，在决策第一阶段筹建期中，创业企业没有确切的市场需求信息，此时产品的市场容量 D 为随机量，分布函数为 $F(X)$，均值为 μ，方差为 σ^2；进入决策第二阶段生产期后，已经临近销售期，创业企业通过市场调查等方式对需求信息有了逐步的把握，此时市场容量 D 的值已经较为明确，随机性得到解决，变为固定值。创业企业为生产该产品，需要进行生产技术的选择及产能决策，可以选择的生产技术有产量柔性生产技术（简称 V）和无柔性生产技术（简称 T）；产量柔性技术单位产能成本为 c_v，无柔性技术单位产能成本为 c_t（$c_t < c_v$）。在产能固定的情况下，产量柔性技术能帮助创业企业调整产量，而无柔性技术则不能。

当创业企业选择产量柔性技术时，假设其产能为 K_v，最优产能为 K_v^*，可以在第二阶段生产期市场容量渐趋明确时，根据市场容量的大小调整产量，最终产量为 q，最优产量为 q^*，产品的市场出清价格为 p_v，反需求函数为 $p_v = D - q$；根据实际需求调整产量会产生一定的调整成本，设单位调整成本为 c_f。选择无柔性技术时，假设创业企业的产能为 K_t，最优产能为 K_t^*，在第二阶段不能根据市场容量的大小调整产量，最终生产产品的产量与最初的产能相等为 K_t，产品的市场出清价格为 p_t，反需求函数为 $p_t = D - K_t$。

此外，创业企业为开办企业负债 α，在第二阶段生产期销售产品所得的运营收益为 π_j（$\pi_j = p_j q_j$，其中，$j = v$，t，v 表示创业企业选择产量柔性技术，t 表示创业企业选择无柔性技术，当 $j = t$ 时，$q_t = K_t$），第一阶段的总利润为 Π_j（$\Pi_j = \pi_j - c_j K_j$）。当总利润能够偿还负债 α 时，创业企业生存，否则破产，设其生存概率为 Φ_j（$\Phi_j = P(\Pi_j \geq \alpha)$，其中，$P$ 表示概率），创业企业的决策目标为生存概率最大化，最大生存概率为 Φ_j^*。

具体事件发生顺序如图 3-1 所示。

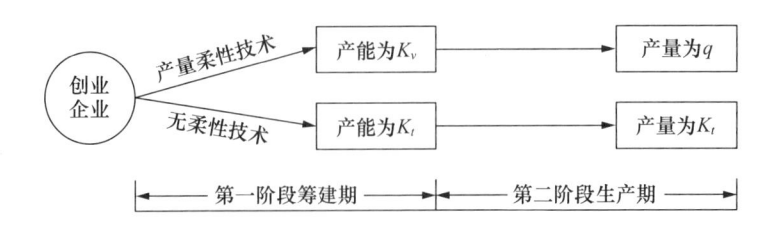

图 3-1 事件发生顺序

本章以生存概率最大化作为创业企业的决策目标，假设当运营利润能够偿还负债时，创业企业生存，否则就会破产。虽然创业企业还有其他重要特点，但本章重点研究生存概率最大的决策目标对创业企业决策的影响，即创业企业与行业中原有企业的区别表现为其决策目标是生存概率最大，而行业中原有企业的决策目标是利润最大。

（二）基本模型分析

由问题描述和基本假设可知，当选择产量柔性生产技术时，创业企业的决策包含两个阶段：第一阶段为产能决策，创业企业的产能大小为 K_v，最优产能决策为 K_v^*；第二阶段为产量决策，产量大小为 q，最优产量决策为 q^*。根据前人研究可知，当创业企业在第二阶段调整产量时，会产生一定的调整成本，单位调整成本为 c_f，总调整成本为 $c_f(K_v - q)^2$。创业企业的决策目标为生存概率最大化，最大生存概率为 Φ_v^*，根据两阶段决策的逆推法可得，当选择产量柔性技术时，创业企业的最优产能决策及最大生存概率如下。

命题 3-1：

当创业企业选择产量柔性时，其最优产能为 $K_v^* = \dfrac{-c_v + \sqrt{4c_f^2\alpha - c_f c_v^2}}{2c_f}$；

最大生存概率为 $\Phi_v^* = \overline{F}\left(\sqrt{4\alpha - \dfrac{c_v^2}{c_f}} + c_v\right)$。

第三章 制造型创业企业产量柔性技术选择与产能决策研究

证明：

由问题描述可知，当选择产量柔性技术时，创业企业的决策包含两个阶段，在第一阶段筹建期进行产能决策；在第二阶段，生产期可以根据确切的需求信息调整产量，进行产量决策。我们用逆推法进行求解：

首先，求创业企业第二阶段生产期的最优产量决策。

根据问题描述可知，第二阶段，产品的需求渐趋明确，当选择产量柔性技术时，创业企业第二阶段的产量为 q，产品的市场容量为 D，所生产产品的反需求函数为 $p_v = D - q$；又由相关研究可知，创业企业在原有产能基础上改变产量的总调整成本为 $c_f(K_v - q)^2$，故其第二阶段生产期的运营收益可表示如下：

$$\pi_v = (D-q)q - c_f(K_v - q)^2 \tag{3-1}$$

可证 π_v 是 q 的凸函数，存在极大值；令 $\dfrac{d\pi_v}{dq} = 0$ 可得创业企业第二阶段生产期的最优产量决策为：

$$q^* = \frac{D + 2c_f K_v}{2(c_f + 1)} \tag{3-2}$$

将式（3-2）代入式（3-1）可得创业企业第二阶段生产期的最大运营收益为：

$$\pi_v^* = \frac{D^2 + 4c_f D K_v - 4c_f K_v^2}{4(c_f + 1)} \tag{3-3}$$

其次，求第一阶段的最优解。

由问题描述可知，第一阶段为产能决策阶段，创业企业第一阶段的利润为 $\pi_v^* - c_v K_v$，当该利润能够偿还负债，即 $\pi_v^* - c_v K_v \geq \alpha$ 时企业生存，故当选择产量柔性技术时，创业企业的生存概率为 $\Phi_v = \Pr(\pi_v^* - c_v K_v \geq \alpha)$，第二阶段的最大收益 π_v^* 代入 Φ_v 的表达式中可得，创业企业第一阶段的生存概率为：

$$\Phi_v = \Pr(\pi_v^* - c_v K_v \geq \alpha) = \Pr[D \geq -2c_f K_v + 2\sqrt{(c_f + 1)(c_f K_v^2 + \alpha + c_v K_v)}]$$

$$= \overline{F}[(-2c_f K_v + 2\sqrt{(c_f + 1)(c_f K_v^2 + \alpha + c_v K_v)}] \tag{3-4}$$

令 $A_1 = -2c_f K_v + 2\sqrt{(c_f+1)(c_f K_v^2 + \alpha + c_v K_v)}$，由式(3-4)可知，当 A_1 最小时，Φ_v 最大。求 A_1 的一阶导有 $\frac{dA_1}{dK_v} = -2c_f + \frac{(c_f+1)(2c_f K_v + c_v)}{\sqrt{(c_f+1)(c_f K_v^2 + \alpha + c_v K_v)}}$，令 $\frac{dA_1}{dK_v} = 0$ 可得 A_1 的驻点为：

$$K_v^* = -\frac{c_v}{2c_f} + \sqrt{\alpha - \frac{c_v^2}{4c_f}} \tag{3-5}$$

对 A_1 求二阶导有 $\frac{d^2 A_1}{dK_v^2} = \frac{(c_f+1)^{\frac{1}{2}}(4\alpha c_f - c_v^2)}{2(c_f K_v^2 + \alpha + c_v K_v)^{\frac{3}{2}}}$，将 K_v^* 代入其中可得 $\frac{d^2 A_1}{dK_v^2} = \frac{2c_f}{\sqrt{c_f+1}} > 0$，因此可得驻点 K_v^* 是 A_1 的极小值点，是 Φ_v 的极大值点，创业企业第一阶段的最优产能决策为 $K_v^* = -\frac{c_v}{2c_f} + \sqrt{\alpha - \frac{c_v^2}{4c_f}}$。将式(3-5)代入式(3-2)和式(3-4)中可得，创业企业第二阶段的最优产量决策为 $q^* = \frac{D - c_v + \sqrt{4c_f^2 \alpha - c_f c_v^2}}{2(c_f+1)}$；创业企业的最大生存概率为：

$$\Phi_v^* = \overline{F}\left(\sqrt{4\alpha - \frac{c_v^2}{c_f}} + c_v\right) \tag{3-6}$$

证毕。

命题3-1利用逆推法求出了产量柔性技术下，创业企业的最优产能及产量决策，并得出创业企业的最大生存概率。从创业企业第一阶段筹建期的最优产能决策可以看出：当选择产量柔性技术时，创业企业的最优产能大小与产量柔性技术的单位产能成本 c_v 成反比；与产量柔性技术的单位产能调整成本 c_f 成正比。这是因为当产量柔性技术的单位产能成本 c_v 较大而 c_f 较小时，创业企业在第一阶段筹建期投入较小的产能，在第二阶段生产期需求信息比较明确时再调整产量，可以节约成本，从而使产量柔性技术的收益达到最大化。此外，创业企业的负债越大，其在第一阶段筹建期的最优产能也越大，这是因为当创业企业在企业开办时投入的沉没成本越大，在后续的筹建期和生产期中获取利润的期望就越大，因而会投入更大的产能以把握不确定的市场需求。

三、创业企业产量柔性技术决策模型分析

在上一节中，我们构建了创业企业选择产量柔性生产技术时的最优产能决策的基本模型，得出了选择产量柔性时，创业企业的最优产能决策及最大生存概率。这一节我们将在上一节研究的基础上，进一步探讨产量柔性和无柔性技术下，创业企业产能决策的不同之处，并分析创业企业选择产量柔性技术和无柔性技术的条件。

由问题描述可得，当选择无柔性技术时，创业企业的产能决策为 K_t，最优产能为 K_t^*，生存概率为 Φ_t，最大生存概率为 Φ_t^*，则当选择两种不同技术时，创业企业最优产能决策的不同之处如下。

命题 3-2：

选择产量柔性技术时，创业企业的最优产能决策 K_v^* 小于其选择无柔性技术时的最优产能决策 K_t^*。

证明：

由问题描述可知，当选择无柔性技术时，创业企业的决策只包含一个阶段，创业企业的产能为 K_t，市场容量为 D，反需求函数为 $p = D - K_t$，利润为 $\Pi_t = (D - K_t)K_t - c_t K_t$，当利润大于负债，即 $\Pi_t \geq \alpha$ 时企业生存，生存概率为：

$$\begin{aligned}\Phi_t &= \Pr(\Pi_t \geq \alpha) = \Pr[(D - K_t)K_t - c_t K_t \geq \alpha] \\ &= \Pr\left(D \geq \frac{\alpha}{K_t} + c_t + K_t\right) = \overline{F}\left(\frac{\alpha}{K_t} + c_t + K_t\right)\end{aligned} \quad (3-7)$$

令 $A_2 = \frac{\alpha}{K_t} + c_t + K_t$，由式（3-7）可知，当 A_2 最小时，创业企业的生

存概率最大，分别对 A_2 求一阶导和二阶导可得 $\dfrac{dA_2}{dK_t} = \dfrac{-\alpha}{K_t^2} + 1$，$\dfrac{d^2 A_2}{dK_t^2} = 2\alpha K_t^{-3} > 0$，由此可知 A_2 为凸函数，存在最小值；因此令 $\dfrac{dA_2}{dK_t} = \dfrac{-\alpha}{K_t^2} + 1 = 0$ 可得，当选择无柔性技术时，创业企业的最优产能决策为 $K_t^* = \sqrt{\alpha}$；联合式（3-5）可得：选择无柔性技术和产量柔性技术时，中创业企业的最优产能之差为 $K_t^* - K_v^* = \sqrt{\alpha} - \sqrt{\alpha - \dfrac{c_v^2}{4c_f}} + \dfrac{c_v}{2c_f} > 0$，因此可得，选择无柔性生产技术时，创业企业的最优产能大于其选择产量柔性生产技术时的最优产能。

证毕。

上述命题通过对比分析创业企业选择产量柔性技术和无柔性技术的最优产能，得出了选择产量柔性生产技术和选择无柔性生产技术时，创业企业的最优产能之差。研究结果表明：当选择产量柔性技术时，创业企业的最优产能小于其选择无柔性技术时的最优产能。这是由于当选择产量柔性技术时，创业企业可以在决策第二阶段临近销售的生产期中，根据已经比较明确的市场容量信息调整其产量的大小，因此在进行初始产能投资时，会选择较小的产能；而当创业企业选择无柔性生产技术时却不能根据需求信息调整产能，因此，为了能较好地把握市场需求，在第一阶段筹建期中会选择较大的产能，以生产更多的产品。

命题3-2分析了选择产量柔性技术和无柔性技术时，创业企业的最优产能之差，下面我们将对比分析产量柔性生产技术和无柔性生产技术下，创业企业的最大生存概率，研究创业企业选择产量柔性生产技术和无柔性生产技术的条件，能为创业企业决策者的柔性技术决策提供一定参考。

命题3-3：

令 $\overline{c_t} = c_v + \sqrt{4\alpha - \dfrac{c_v^2}{c_f}} - 2\sqrt{\alpha}$，则当 $c_t > \overline{c_t}$ 时，创业企业会选择产量柔性

生产技术；反之，创业企业会选择无柔性生产技术。

证明：

由命题 3-2 可知，当创业企业选择无柔性生产技术时，其最优产能决策为 $K_t^* = \sqrt{\alpha}$；将其代入式（3-7）可得，当选择无柔性生产技术时，创业企业的最大生存概率为：

$$\Phi_t^* = \overline{F}(c_t + 2\sqrt{\alpha}) \qquad (3-8)$$

联立式（3-6）和式（3-8）可得：当 $\sqrt{4\alpha - \frac{c_v^2}{c_f}} + c_v < c_t + 2\sqrt{\alpha}$ 时，$\Phi_v^* > \Phi_t^*$。即选择产量柔性生产技术时，创业企业的生存概率大于选择无柔性生产技术时创业企业的生产概率，对上式移项可得，当 $c_t > c_v + \sqrt{4\alpha - \frac{c_v^2}{c_f}} - 2\sqrt{\alpha}$ 时，创业企业会选择产量柔性生产技术；反之，创业企业会选择无柔性生产技术。

证毕。

命题3-3给出了创业企业选择产量柔性生产技术的边界条件，即当无柔性生产技术的单位产能成本大于某一边界，即 $c_t > \overline{c_t} = c_v + \sqrt{4\alpha - \frac{c_v^2}{c_f}} - 2\sqrt{\alpha}$ 时，创业企业会选择产量柔性生产技术；反之，会选择无柔性技术。

此外，由边界 $\overline{c_t}$ 的表达式可以看出，$\overline{c_t}$ 与产量柔性生产技术的单位调整成本 c_f 成正比，这说明 c_f 越大，创业企业选择产量柔性技术的边界越大，选择产量柔性生产技术的概率越小，这说明创业企业比较关注成本因素，当产量柔性生产技术的单位产量调整成本较大时，选择产量柔性生产技术所需要付出的成本较大，创业企业更倾向于选择无柔性生产技术；对 $\overline{c_t}$ 求 α 的偏导数可得 $\frac{\partial \overline{c_t}}{\partial \alpha} > 0$，可得 $\overline{c_t}$ 与创业企业的负债 α 成正比，这说明随着负债越大，创业企业选择产量柔性技术的概率越小。这是因为创业企业面临着较大的破产风险，决策谨慎，随着负债的增大，创业企业的破产风险增大，因而更加偏好于选择成本较小的无柔性生产技术。

四、数值实验

由于创业企业产量柔性技术决策的边界较抽象,因此我们通过几组数值算例来具体分析创业企业产量柔性与无柔性技术的选择与产能决策。设创业企业负债 α 分别为 10、15 和 20,产量柔性技术的单位产能成本 c_v 分别为 1、1.1 和 1.2,则当产量柔性技术的单位产量调整成本为 $c_f =$ [0.1, 0.6]时,根据命题 3-2 和命题 3-3 可知,创业企业选择产量柔性技术的边界 $\bar{c_t}$ 随着 c_f 的变化,如图 3-2 至图 3-4 所示。

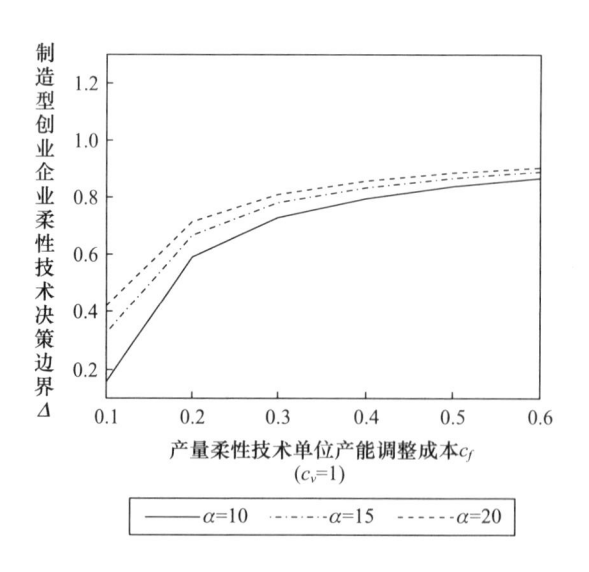

图 3-2 产量柔性生产技术单位产能成本为 1 时,
制造型创业企业的产量柔性技术决策

第三章 制造型创业企业产量柔性技术选择与产能决策研究

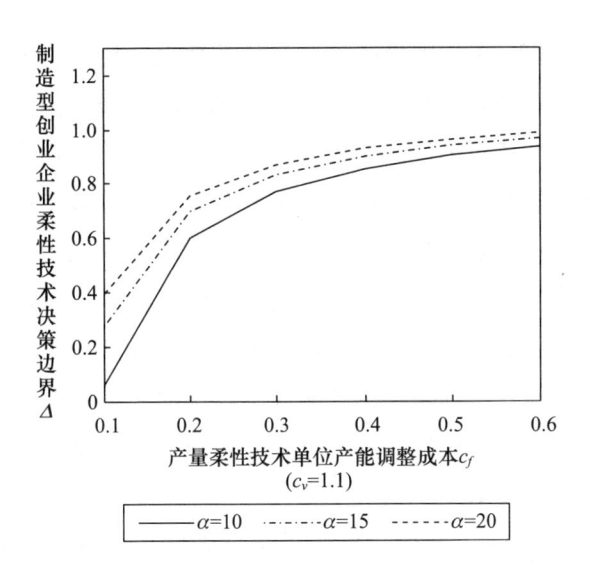

图 3-3 产量柔性生产技术单位产能成本为 1.1 时，
制造型创业企业的产量柔性技术决策

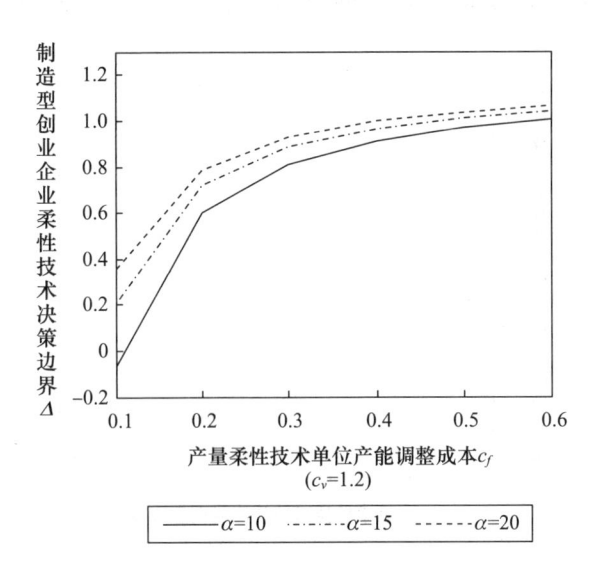

图 3-4 产量柔性生产技术单位产能成本为 1.2 时，
制造型创业企业的产量柔性技术决策

图3-2至图3-4分别描述了在产量柔性生产技术的单位产能成本不同的情况下，创业企业选择产量柔性生产技术和无柔性生产技术的边界。易见随着产量柔性技术单位产能成本 c_v 的增大，创业企业选择产量柔性生产技术的边界值增大，选择产量柔性生产技术的概率减小；同理，随着负债 α 的增大，创业企业选择产量柔性生产技术的概率减小；此外，创业企业选择产量柔性生产技术的概率随着其单位调整成本 c_f 的增大而减小。这是因为创业企业面临较大的破产风险，决策比较保守谨慎，当 c_v 和 c_f 较大时，创业企业更偏好于选择单位产能成本较小的无柔性生产技术；当 α 较大时，创业企业的破产风险增大，决策更加谨慎，因此也偏好于选择成本较小的无柔性生产技术。

此外，由命题3-2可得，当选择产量柔性技术时，创业企业的最优产能大于其选择无柔性技术时的最优产能，这里我们用3组算例来进行验证，令产量柔性技术的单位产能成本 c_v 分别为1、1.1和1.2，可得创业企业选择无柔性和产量柔性技术的最优产能之差，如图3-5至图3-7所示。

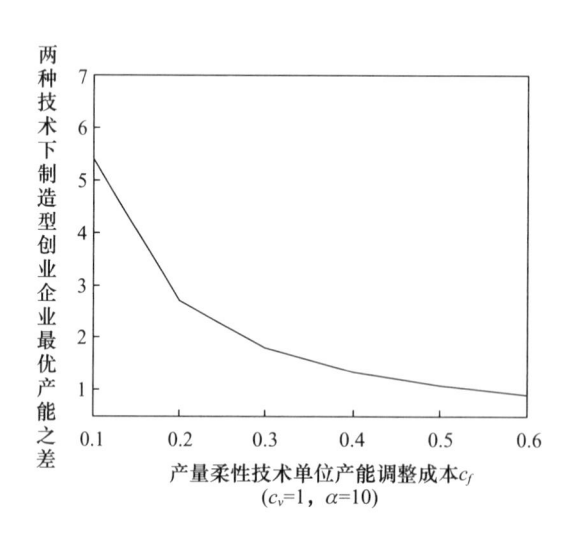

图3-5 产量柔性技术单位产能成本为1时，制造型创业企业选择无柔性技术和产量柔性技术的最优产能成本之差

图 3-5 至图 3-7 分别描述了产量柔性生产技术的单位产能成本不同时，创业企业选择无柔性生产技术和产量柔性生产技术的最优产能之差 $K_t^* - K_v^*$ 随着产量柔性技术单位调整成本 c_f 的变化趋势。由此可以看出，当创业企业的负债 $\alpha = 10$ 时，其选择无柔性生产技术和产量柔性生产技术的最优产能成本之差 $K_t^* - K_v^*$ 与产量柔性生产技术的单位产能成本 c_v 成正比；与产量柔性生产技术的单位产能调整成本 c_f 成反比。

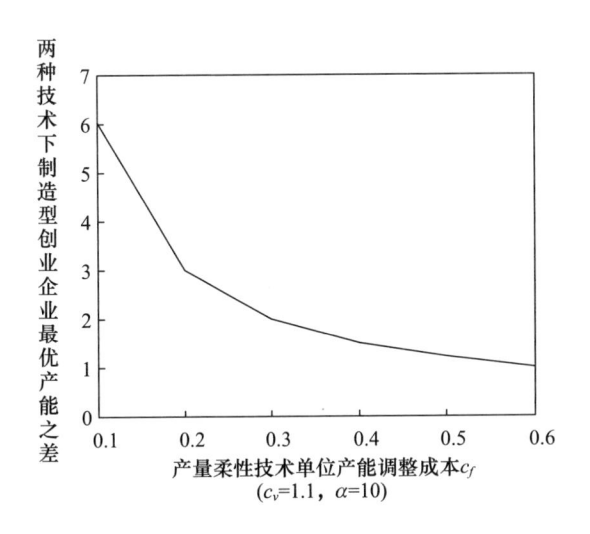

图 3-6　产量柔性技术单位产能成本为 1.1 时，制造型创业企业选择无柔性技术和产量柔性技术的最优产能成本之差

这是因为当产量柔性生产技术的单位产能成本 c_v 较大时，创业企业倾向于在第一阶段筹建期选择较小的产能 K_v^*，在第二阶段生产期再根据确切的需求信息进行产量的调整，因此 $K_t^* - K_v^*$ 较大；而当 c_f 较大时，创业企业倾向于在第一阶段筹建期选择较大的产能 K_v^*，而在第二阶段生产期，需求信息渐趋明确时，减少对产量调整，从而以尽可能小的成本获取最大的收益，因此 $K_t^* - K_v^*$ 较小。

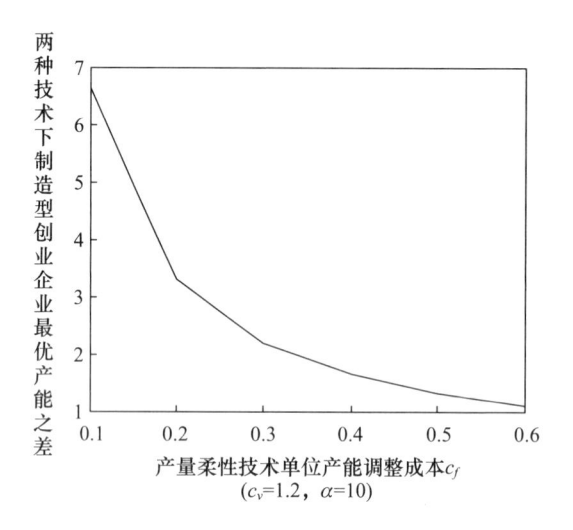

图 3-7 产量柔性技术单位产能成本为 1.2 时，制造型创业企业
选择无柔性技术和产量柔性技术的最优产能成本之差

五、本章小结

本章通过构建创业企业的产量柔性生产技术选择与产能决策模型，得出了产量柔性生产技术和无柔性生产技术下，创业企业的最优产能及最大生存概率；并将研究结果进行对比，进而探讨了创业企业选择产量柔性生产技术的条件，一方面丰富了创业企业运营决策的研究，另一方面也为制造型创业企业决策者的柔性生产技术决策提供了一定的参考。研究结果表明：当无柔性生产技术的单位产能成本大于某一边界时，创业企业应选择产量柔性生产技术，否则应选择无柔性生产技术；创业企业选择产量柔性生产技术的概率与产量柔性生产技术的单位产能成本、单位调整成本和固定负债成反比；此外，当选择产量柔性生产技术时，创业企业的最优产能

小于其选择无柔性生产技术时的最优产能。可见相比于行业中原有企业，创业企业更加关注生存问题，因而创业企业的决策者在进行产量柔性生产技术和无柔性生产技术的选择时，应重点关注两种技术的成本以及固定负债的大小。

柔性生产技术有很多种，本章只研究了创业企业的产量柔性生产技术，而未考虑其他柔性技术，如品种柔性技术、劳动力柔性技术等。因此，未来的研究可以考虑其他柔性技术，研究创业企业柔性技术决策的其他方面；此外，竞争情况下创业企业的柔性技术决策也是未来的研究方向。

第四章 制造型创业企业与原有企业竞争的产量柔性技术决策[*]

本章考虑制造型创业企业与行业中原有企业相互竞争,重点研究竞争环境下,两企业的产量柔性技术选择及产能决策。首先研究了不同竞争策略下二者的最优产能决策、创业型企业的最大生存概率以及行业中原有企业的最大利润;其次用传统博弈论的方法得出了二者的竞争均衡,并分析影响两企业产量柔性技术决策的因素;最后用数值实验进行验证。研究结果表明:在竞争中,创业型企业更加关注成本因素,倾向于选择成本较小的无柔性技术;行业中原有企业对市场需求的波动更敏感,当市场需求的波动较大时,会选择产量柔性技术;随着产量柔性技术单位产能调整成本的增大,两企业选择无柔性技术的概率增大。

一、引言

2008年的《全球创业型经济研究报告》指出,2006年我国新增创业

---

[*] 本章原文已发表在《中国管理科学》2016年第11期,收入本书中时略有修改。

第四章 制造型创业企业与原有企业竞争的产量柔性技术决策

型企业 60 多万家，创业已成为我国经济发展的原动力（Markman et al., 2004, 2005；Audretsch et al., 2006）。但由于创业型企业的失败概率非常之高，其在运营中面临的问题也受到了学者的广泛关注，出现了不少研究成果。其中很多研究都以生存概率最大化为决策目标，研究创业型企业的运营决策。在创业型企业面临的诸多运营决策中，产量柔性生产技术的选择及产能决策就是其中之一（Upton, 1994）。这是因为在制造业中，生产技术的选择与产能决策往往早于产品的生产，创业企业在进行产能决策时并不知道确切的市场需求，从而导致产能与需求的不匹配。而产量柔性生产技术能够帮助企业减少这种不匹配，使其更好地应对市场需求的变化。因此，产量柔性技术的选择与产能决策是创业企业决策者需要考虑的关键问题，值得深入分析。

创业企业的产量柔性技术决策属于创业企业运营决策的范畴，因此与本书相关的文献主要有：一是产量柔性生产技术的研究；二是创业企业运营决策的研究。

当前，有关产量柔性技术的研究较多（Lloréns et al., 2005；Tang & Tomlin, 2008；Chod et al., 2010），与本书相关的主要如下：Chod 等（2005）研究了产量柔性、品种柔性和时间柔性间的关系。Goyal 和 Netessine（2011）研究了产品替代性和需求相关性对产量柔性和品种柔性技术价值的影响。Tomlin（2006）研究了存在供给方违约风险时，供应商的产量柔性对生产商应急管理的影响。这些研究都与本章相关，但它们的研究对象却是行业中原有企业，以利润最大化为目标，而本章将以生存概率最大化为决策目标，研究创业企业的产量柔性技术决策，得出的结果不同于以上研究。

此外，创业企业运营决策的研究也与本章相关：Patel（2011）研究了创业企业的库存决策，首次提出了创业企业的决策目标为生存概率最大化。金永行等（2002）研究了创业企业决策者与风险投资者之间的委托代理关系及二者的契约安排。这些研究从不同角度探讨了创业企业的运营决策，但尚未有人研究其产量柔性技术决策，而本章将在前人研究的基础上，考虑破产风险，以生存概率最大化为决策目标，重点研究竞争环境下，创业企业的产量柔性技术选择与产能决策，得出的结论也就不同于以上研究。

本章接下来的内容主要如下：首先对所研究的问题进行描述，并提出相应的研究假设；其次提出了创业企业与行业中原有企业竞争中，可能出现的四种不同的策略组合，探讨创业企业与行业中原有企业竞争情况下，二者的最优产能决策，以及可能出现的竞争均衡；最后研究各种可能的竞争均衡策略应该满足的条件，并分析影响两企业竞争均衡的因素，并用数值实验进行验证。

二、问题描述与基本假设

假设市场中有一个制造型创业企业和一个原有企业相互竞争，二者生产同一种产品。创业企业为开办企业，贷款进行产品的研发投资以及初期的市场调研投资等，当运营利润能够偿还负债时，创业企业能够生存，否则就会破产。为生产该产品，两企业都需要进行生产技术的选择与产能决策，设两个企业可以选择的生产技术有两种：产量柔性生产技术和无柔性生产技术。当选择产量柔性技术时，企业可以在销售期临近时，根据市场需求信息调整其产量；当选择无柔性技术时，企业不能根据市场需求信息调整其产量，所生产产品的最终产量与最初产能相等，这里的无柔性指的是产量的无柔性。

在制造业中，企业在生产产品前往往要经历较长的建设期，生产设备的购置与生产技术的选择往往早于产品的生产，因此，本章假设企业决策包含两个阶段：第一阶段为筹建期，由于该阶段远远早于产品的实际生产，因此在该阶段，产品的市场需求尚不明确，企业先进行生产技术的选择以及生产设备的产能决策；第二阶段为生产期，进入生产期后，产品的市场需求渐趋明确，选择产量柔性技术的企业可根据需求信息调整其产量大小，而选择无柔性技术的企业则不能。具体事件发生顺序如图4-1所示。

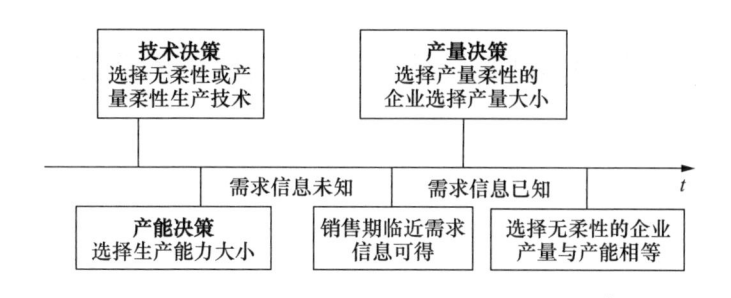

图 4-1 事件发生顺序

所研究问题的基本假设主要包括以下几个方面：

一是产品的边际生产成本为零。本章重点研究竞争环境下，创业企业和行业中原有企业的最优产能决策，相比于生产设备的边际产能成本，企业所生产产品的边际生产成本相对较小，假设产品的边际生产成本为0并不影响结论，为简化研究，相关研究都假设产品的边际生产成本为0，因此本章也采用了相同的假设。

二是创业企业的决策目标为生存概率最大化。这是因为相比于行业中原有企业，创业型企业面临着较大的破产风险，更加关注生存问题，当其收益能够偿还负债时，企业生存，否则就会破产。在现实中，创业企业的决策目标可能不仅包括生存目标，还包括利润目标，而为简化研究，本研究只考虑了创业企业的生存目标，在后续的研究中可同时考虑创业企业的生存目标和利润目标，并对两个目标赋予不同的权重，研究其运营决策。

三是创业企业和行业中原有企业之间的博弈为完全信息动态博弈。即创业企业和行业中原有企业对竞争对手的信息都非常了解，都了解对方的策略空间，和不同策略组合下的竞争对手的得益。此外，两企业的决策都包含两个阶段，即筹建期和生产期，在每个阶段中两企业都要考虑竞争对手的选择，因此在模型求解中需要用逆推法进行求解。

三、不同竞争策略下两企业的最优产能决策模型

这一节我们将研究创业企业与行业中原有企业竞争中，二者的产量柔性技术决策问题。由问题描述可知，企业可以选择的生产技术有两种：产量柔性技术 V 或无柔性技术 T。因此，二者竞争的策略组合有 4 种：VT 表示只有创业型企业选择产量柔性技术；TV 表示只有行业中原有企业选择产量柔性技术；VV 表示二者都选择产量柔性技术；TT 表示二者都选择无柔性技术。下面我们将分别研究这四种策略组合下，创业企业和行业中原有企业的最优产量决策、创业企业的最大生存概率和行业中原有企业的最大利润。

本章所用到的符号体系如下：

D：产品的市场容量，即产品反需求函数的截距，在筹建期，市场容量是随机的，进入生产期后，产品的市场容量信息渐趋明确。

$F(X)$：市场容量 D 的分布函数，且 $\overline{F}(X) = 1 - F(X)$。

μ：市场容量的均值。

σ^2：市场容量的方差。

K_{ij}^N：选择技术 j 时，企业 i 的产能（$i = s, e$，其中，s 表示创业型企业，e 表示行业中原有企业；$j = v, t$，其中，v 表示企业 i 选择产量柔性技术，t 表示企业 i 选择无柔性技术；$N = VT, TV, VV, TT$，表示不同的柔性技术组合）。

q_{ij}^N：选择产量柔性技术 j 时，企业 i 的最终产量（当 $j = t$ 时，企业的最

终产量与企业最初的产能相等,即 $q_{it}^N = K_{it}^N$)。

$p^N = D - (q_{sj}^N + q_{ej}^N)$:不同的策略组合下产品的市场出清价格,即反需求函数。

c_t:无柔性技术 T 的单位产能成本。

c_v:产量柔性技术 V 的单位产能成本($c_v \geq c_t$)。

c_f:产量柔性技术 V 的单位产量调整成本,由相关文献的研究可知总产量调整成本为 $c_f(K_{ij}^N - q_{ij}^N)^2$。

$\prod_{ij}^N$:选择技术 j 时,企业 i 的总体利润。

π_{ij}^N:选择技术 j 时,企业 i 在生产期的运营收益。

α:创业型企业的负债。

Φ_{sj}^N:选择技术 j 时,创业型企业的生存概率($\Phi_{sj}^N = P(\prod_{sj}^N \geq \alpha)$,$P$ 表示概率),当总体利润能够偿还负债,即 $\prod_{sj}^N \geq \alpha$ 时,创业企业生存,否则就会破产。

(一) VT 策略组合

当创业企业选择产量柔性技术 V,行业中原有企业选择无柔性技术 T 时,即 VT 策略组合下,两企业的最优产能决策、创业企业的最大生存概率和行业中原有企业的最大利润如下。

命题 4-1:

当创业企业选择产量柔性技术,行业中原有企业选择无柔性技术时,即 VT 情况下,创业企业的最优产能为 $K_{sv}^{VT*} = \dfrac{-c_v + \sqrt{4c_f^2 \alpha - c_f c_v^2}}{2c_f}$,行业中原有企业的最优产能为 $K_{et}^{VT*} = \dfrac{2(c_f+1)(\mu - c_t) - \mu + c_v - \sqrt{4c_f^2 \alpha - c_f c_v^2}}{2(2c_f + 1)}$;创业企业的最大生存概率为 $\Phi_{sv}^{VT*} = 1 - F\left(\sqrt{4\alpha - \dfrac{c_v^2}{c_f}} + c_v + \dfrac{2(c_f+1)(\mu - c_t) - \mu + c_v - \sqrt{4c_f^2 \alpha - c_f c_v^2}}{2(2c_f + 1)}\right)$;

行业中原有企业的最大期望利润为:

$$E\left(\prod{}_{et}^{VT*}\right) = \frac{\left[(2c_f+1)\mu - 2(c_f+1)c_t + c_v - \sqrt{4c_f^2\alpha - c_fc_v^2}\right]^2}{8(c_f+1)(2c_f+1)}$$

证明：

首先，求创业型企业的最优产能决策。设当创业型企业选择产量柔性技术，行业中原有企业选择无柔性技术时，创业型企业的产能决策为 K_{sv}^{VT}，最终产量为 q_{sv}^{VT}，行业中原有企业的产量和产能相等，都为 K_{et}^{VT}，则由问题描述可知：产品的反需求函数为 $p^{VT} = D - q_{sv}^{VT} - K_{et}^{VT}$，其中，$p^{VT}$ 表示 VT 情况下，产品的市场出清价格，创业企业产量调整成本为 $c_f(K_{sv}^{VT} - q_{sv}^{VT})^2$。故创业型企业第二阶段的收益为：

$$\pi_{sv}^{VT} = (D - q_{sv}^{VT} - K_{et}^{VT})q_{sv}^{VT} - c_f(K_{sv}^{VT} - q_{sv}^{VT})^2 \tag{4-1}$$

创业型企业的决策包含两个阶段，用逆推法进行求解。

先求第二阶段的最优解，对 π_{sv}^{VT} 求 q_{sv}^{VT} 的二阶导可得，$\frac{d^2\pi_{sv}^{VT}}{d(q_{sv}^{VT})^2} = -2(c_f+1) < 0$，由此可知 π_{sv}^{VT} 是 q_{sv}^{VT} 的凹函数，存在最大值，令 $\frac{d\pi_{sv}^{VT}}{dq_{sv}^{VT}} = 0$，可得创业型企业的第二阶段生产期的最优产量决策为：

$$q_{sv}^{VT*} = \frac{D - K_{et}^{VT} + 2c_fK_{sv}^{VT}}{2(c_f+1)} \tag{4-2}$$

将式（4-2）中创业企业第二阶段的最优产量决策代入式（4-1）创业企业第二阶段的运营收益中，可得创业企业第二阶段生产期的最大运营收益为：

$$\pi_{sv}^{VT*} = \frac{(D - K_{et}^{VT})^2 + 4c_f(D - K_{et}^{VT})K_{sv}^{VT} - 4c_f(K_{sv}^{VT})^2}{4(c_f+1)} \tag{4-3}$$

再求创业企业第一阶段筹建期的最优产能决策，由问题描述可知，当创业企业的收益能够偿还负债时，企业能够生存，否则就会破产，结合式（4-3）可得，创业企业的生存概率为：

$$\Phi_{sv}^{VT} = P(\pi_{sv}^{VT*} - c_vK_{sv}^{VT} \geq \alpha)$$
$$= P\{D \geq -2c_fK_{sv}^{VT} + K_{et}^{VT} + 2\sqrt{(c_f+1)[c_f(K_{sv}^{VT})^2 + \alpha + c_vK_{sv}^{VT}]}\}$$

第四章 制造型创业企业与原有企业竞争的产量柔性技术决策

$$= \overline{F}\{-2c_f K_{sv}^{VT} + K_{et}^{VT} + 2\sqrt{(c_f+1)[c_f(K_{sv}^{VT})^2 + \alpha + c_v K_{sv}^{VT}]}\} \quad (4-4)$$

令 $A_1 = -2c_f K_{sv}^{VT} + K_{et}^{VT} + 2\sqrt{(c_f+1)[c_f(K_{sv}^{VT})^2 + \alpha + c_v K_{sv}^{VT}]}$，由式（4-4）可知，当 A_1 最小时，创业企业的生存概率 Φ_{sv}^{VT} 最大，对 A_1 求 K_{sv}^{VT} 的二阶导可得：$\dfrac{d^2 A_1}{d(K_{sv}^{VT})^2} = \dfrac{(4c_f\alpha - c_v^2)\sqrt{c_f+1}}{2(c_f K_{sv}^{VT2} + \alpha + c_v K_{sv}^{VT})^{\frac{3}{2}}} > 0$，由此可知 A_1 是 K_{sv}^{VT} 的凸函数，存在最小值，令 $\dfrac{dA_1}{dK_{sv}^{VT}} = 0$，可得，当 $4\alpha - c_v^2/c_f \geq 0$ 时，创业型企业的最优产能决策和最大生存概率分别为：

$$K_{sv}^{VT*} = \dfrac{-c_v + \sqrt{4c_f^2\alpha - c_f c_v^2}}{2c_f}, \quad \Phi_{sv}^{VT*} = \overline{F}\left(\sqrt{4\alpha - \dfrac{c_v^2}{c_f}} + c_v + K_{et}^{VT}\right) \quad (4-5)$$

其次，求行业中原有企业的最优产能决策及最大利润。

当选择无柔性技术时，行业中原有企业的产量与产能相等，只需要在筹建期选择生产设备的产能即可，其利润为：$\prod_{et}^{VT} = (D - K_{et}^{VT} - q_{sv}^{VT} - c_t)K_{et}^{VT}$，结合式（4-2）可得，行业中原有企业的期望利润为：

$$E(\prod_{et}^{VT}) = \left[\mu - K_{et}^{VT} - \dfrac{\mu - K_{et}^{VT} - c_v + \sqrt{4c_f^2\alpha - c_f c_v^2}}{2(c_f+1)} - c_t\right]K_{et}^{VT} \quad (4-6)$$

可证 $E(\prod_{et}^{VT})$ 是凹函数，存在最大值，令 $\dfrac{dE(\prod_{et}^{VT})}{d\partial K_{et}^{VT}} = 0$，可得行业中原有企业的最优产能决策为：

$$K_{et}^{VT*} = \dfrac{2(c_f+1)(\mu - c_t) - \mu + c_v - \sqrt{4c_f^2\alpha - c_f c_v^2}}{2(2c_f+1)} \quad (4-7)$$

将式（4-5）和式（4-7）中创业企业和行业中原有企业的最优产能决策代入式（4-6）中，可得行业中原有企业最大期望利润为 $E(\prod_{et}^{VT*}) = \dfrac{\left[(2c_f+1)\mu - 2(c_f+1)c_t + c_v - \sqrt{4c_f^2\alpha - c_f c_v^2}\right]^2}{8(c_f+1)(2c_f+1)}$；创业型企业最大生存概率为 $\Phi_{sv}^{VT*} = 1 - F\left[\sqrt{4\alpha - \dfrac{c_v^2}{c_f}} + c_v + \dfrac{2(c_f+1)(\mu - c_t) - \mu + c_v - \sqrt{4c_f^2\alpha - c_f c_v^2}}{2(2c_f+1)}\right]$。

证毕。

命题 4-1 分析了竞争情况下, 创业企业选择产量柔性技术 V, 行业中原有企业选择无柔性技术 T 时, 二者的最优产能决策问题, 并用逆推法求出了两企业的最优产能、创业企业的最大生存概率和行业中原有企业的最大利润。下面将研究创业型企业选择无柔性技术 T, 行业中原有企业选择产量柔性技术 V 时, 两企业的最优产能决策。

(二) TV 策略组合

在 TV 策略组合下, 两企业的最优产能决策、创业型企业的最大生存概率和行业中原有企业的最大利润分别如下。

命题 4-2:

当创业型企业选择无柔性技术 T, 行业中原有企业选择产量柔性技术 V 时, 即 TV 情况下, 行业中原有企业的最优产能决策为 $K_{ev}^{TV*} = \dfrac{c_f(\mu - \sqrt{2\alpha}) - (c_f+1)c_v}{2c_f}$, 创业企业的最优产能为 $K_{st}^{TV*} = \sqrt{2\alpha}$; 创业型企业最大生存概率为 $\Phi_{st}^{TV*} = 1 - F\left[\dfrac{(c_f+1)(2\sqrt{2\alpha}+2c_t-c_v)+c_f\mu}{2c_f+1}\right]$; 行业中原有企业的最大利润为

$$\Pi_{ev}^{TV*} = \dfrac{c_f\sigma^2 + (\mu - 3c_f^2)(\mu - \sqrt{2\alpha})^2 + 2c_fc_v(c_f+1)(\mu - \sqrt{2\alpha}) + (c_f+1)^2c_v^2}{4c_f(c_f+1)}$$

证明:

首先, 求行业中原有企业的最优产能及最大生存概率。

设当行业中原有企业选择产量柔性技术, 创业企业选择无柔性技术时, 行业中原有企业的产能决策为 K_{ev}^{TV}, 最终产量为 q_{ev}^{TV}, 创业企业的产能决策为 K_{st}^{TV}, 产品的反需求函数为 $p = D - q_{ev}^{TV} - K_{st}^{TV}$, 行业中原有企业的产能调整成本为 $c_f(K_{ev}^{TV} - q_{ev}^{TV})^2$。故行业中原有企业第二阶段生产期的运营收益为:

$$\pi_{ev}^{TV} = (D - q_{ev}^{TV} - K_{st}^{TV})q_{ev}^{TV} - c_f(K_{ev}^{TV} - q_{ev}^{TV})^2 \tag{4-8}$$

由于行业中原有企业的决策包含两个阶段, 故这里用逆推法进行

第四章 制造型创业企业与原有企业竞争的产量柔性技术决策

求解。

先求第二阶段的最优解，对 π_{ev}^{TV} 求 q_{ev}^{TV} 的二阶导，可得 $\dfrac{d^2 \pi_{ev}^{TV}}{d(q_{ev}^{TV})^2} < 0$，由此可得 π_{ev}^{TV} 是 q_{ev}^{TV} 的凹函数，存在最大值，令 $\dfrac{d \pi_{ev}^{TV}}{dq_{ev}^{TV}} = 0$，可得行业中原有企业的最优产量决策为：

$$q_{ev}^{TV*} = \frac{D - K_{st}^{TV} + 2c_f K_{ev}^{TV}}{2(c_f + 1)} \tag{4-9}$$

将式（4-9）中行业中原有企业生产期的最优产量决策 q_{ev}^{TV*} 代入式（4-8）中行业中原有企业第二阶段的运营收益中可得，行业中原有企业第二阶段的最大运营收益为

$$\pi_{ev}^{TV*} = \frac{(D - K_{st}^{TV})^2 + 4c_f (D - K_{st}^{TV}) K_{ev}^{TV} - 4c_f (K_{ev}^{TV})^2}{4(c_f + 1)}$$

再求第一阶段筹建期的最优解产能决策，第一阶段的利润为：

$$\begin{aligned}\prod_{ev}^{TV} &= E(\pi_{ev}^{TV*}) - c_v K_{ev}^{TV} \\ &= \frac{\mu^2 + \sigma^2 - 2\mu K_{st}^{TV} - 4c_f(K_{st}^{TV})^2 + 4c_f(\mu - K_{st}^{TV})K_{ev}^{TV} + (K_{st}^{TV})^2}{4(c_f + 1)} - c_v K_{ev}^{TV}\end{aligned}$$

$$\tag{4-10}$$

令 $\dfrac{d\prod_{ev}^{TV}}{dK_{ev}^{TV}} = 0$，可得行业中原有企业的最优产能决策为：

$$K_{ev}^{TV*} = \frac{c_f(\mu - K_{st}^{TV}) - (c_f + 1)c_v}{2c_f} \tag{4-11}$$

将式（4-11）代入式（4-10）中，可得行业中原有企业第一阶段的最大利润为：

$$\prod_{ev}^{TV*} = \frac{c_f \sigma^2 + (\mu - 3c_f^2)(\mu - K_{st}^{TV})^2 + 2c_f c_v (c_f + 1)(\mu - K_{st}^{TV}) + (c_f + 1)^2 c_v^2}{4c_f(c_f + 1)}$$

$$\tag{4-12}$$

其次，求创业企业的最优产能决策及最大生存概率。

当创业型企业选择无柔性技术时，其产量与产能相等，只需要在第一

阶段筹建期选择生产设备的产能即可,创业企业的利润为 $\prod_{st}^{TV} = (D - K_{st}^{TV} - q_{ev}^{TV} - c_t)K_{st}^{TV}$,生存概率为:

$$\Phi_{st}^{TV} = P[(D - K_{st}^{TV} - q_{ev}^{TV} - c_t)K_{st}^{TV} \geq \alpha]$$
$$= \overline{F}\left[\frac{(c_f+1)(2\alpha/K_{st}^{TV} + K_{st}^{TV} + 2c_t - c_v) + \mu c_f}{2c_f + 1}\right] \quad (4-13)$$

令 $A_2 = \dfrac{(c_f+1)(2\alpha/K_{st}^{TV} + K_{st}^{TV} + 2c_t - c_v) + c_f\mu}{2c_f+1}$,由式(4-13)可知,当 A_2 最小时,创业型企业的生存概率最大,对 A_2 求 K_{st}^{TV} 的二阶导可得,$\dfrac{dA_2^2}{d(K_{st}^{TV})^2} > 0$,由此可知 A_2 是 K_{st}^{TV} 的凸函数,存在最小值,令 $\dfrac{dA_2}{dK_{st}^{TV}} = 0$,可得创业企业的最优产能决策为 $K_{st}^{TV*} = \sqrt{2\alpha}$,联立式(4-11)至式(4-13)可得行业中原有企业的最优产能为 $K_{ev}^{TV*} = \dfrac{c_f(\mu - \sqrt{2\alpha}) - (c_f+1)c_v}{2c_f}$;最大利润为

$$\prod_{ev}^{TV*} = \frac{c_f\sigma^2 + (\mu - 3c_f^2)(\mu - \sqrt{2\alpha})^2 + 2c_fc_v(c_f+1)(\mu - \sqrt{2\alpha}) + (c_f+1)^2c_v^2}{4c_f(c_f+1)};$$

创业企业的最大生存概率为 $\Phi_{st}^{TV*} = \overline{F}\left[\dfrac{(c_f+1)(2\sqrt{2\alpha} + 2c_t - c_v) + c_f\mu}{2c_f+1}\right]$。

证毕。

命题 4-2 给出了竞争情况下,创业企业选择无柔性技术 T,行业中原有企业选择产量柔性技术 V 时,二者的最优产能决策及创业型企业的最大生存概率和行业中原有企业的最大利润。

(三) VV 策略组合

当两企业都选择产量柔性技术 V 时,即 VV 策略组合下,创业企业和行业中原有企业的最优产能决策、创业企业的最大生存概率和行业中原有企业的最大利润分别如下。

命题 4-3:

令 $A = 4(c_f+1)^2 - 1$,$B = 16c_f^3 + 40c_f^2 + 32c_f + 9$,$C = 16c_f^3 + 44c_f^2 +$

$36c_f+9$，则当创业企业和行业中原有企业都选择产量柔性技术 V 时，即 VV 策略组合情况下，创业型企业的最优产能决策为：$K_{sv}^{VV*} = \dfrac{-c_v}{2c_f} + \dfrac{2(c_f+1)^{\frac{3}{2}}\sqrt{4\alpha c_f - c_v^2}}{\sqrt{c_f}B}$，行业中原有企业的最优产能为 $K_{ev}^{VV*} = \dfrac{A^2 c_v - 8\mu c_f(c_f+1)^2(2c_f+1)}{-2c_f B} + \dfrac{4c_v(c_f+1)^2}{B} - \dfrac{16\sqrt{c_f}(c_f+1)^{\frac{7}{2}}\sqrt{4\alpha c_f - c_v^2}}{B^{\frac{3}{2}}}$；

行业中原有企业的均衡利润为

$$\Pi_{ev}^{VV*} = \frac{64\alpha c_f^2(c_f+1)^4 - c_v^2(c_f+1)[A^2+2(2c_f+1)B]}{B^2} +$$

$$\frac{2\mu(c_f+1)(2c_f+1)c_v}{B} + \frac{(c_f+1)(\mu^2+\sigma^2)}{(2c_f+3)^2} +$$

$$\frac{8c_f^{\frac{1}{2}}(c_f+1)^{\frac{5}{2}}(2c_f+1)(c_v-\mu)\sqrt{4\alpha c_f - c_v^2}}{B^{\frac{3}{2}}} +$$

$$\frac{[c_v A^2 - 8\mu c_f(c_f+1)^2(2c_f+1)]^2}{4c_f A^2 B}$$

创业型企业的最大生存概率为

$$\Phi_{sv}^{VV*} = 1 - F\left\{\frac{B^2 - 64c_f^2(c_f+1)^4 \sqrt{4\alpha c_f - c_v^2}}{2(2c_f+1)B^{\frac{3}{2}}c_f^{\frac{1}{2}}(c_f+1)^{\frac{1}{2}}} + \frac{[2(c_f+1)C - A^2]c_v}{(2c_f+1)B} + \frac{8\mu c_f(c_f+1)^2}{B}\right\}$$

证明：

设当创业企业和行业中原有企业都选择产量柔性技术时，行业中原有企业的产能与产量分别为 K_{ev}^{VV} 和 q_{ev}^{VV}，创业企业的产能与产量分别为 K_{sv}^{VV} 和 q_{sv}^{VV}，产品的反需求函数为 $D - q_{ev}^{VV} - q_{sv}^{VV}$，两企业的产能调整成本分别为 $c_f(K_{ev}^{TV} - q_{ev}^{TV})^2$ 和 $c_f(K_{sv}^{VV} - q_{sv}^{VV})^2$，故行业中原有企业第二阶段的收益为：

$$\pi_{ev}^{VV} = (D - q_{ev}^{VV} - q_{sv}^{VV})q_{ev}^{VV} - c_f(K_{ev}^{VV} - q_{ev}^{VV})^2 \tag{4-14}$$

由于行业中原有企业的决策包含两个阶段，故这里用逆推法进行求解。

先求第二阶段生产期的最优解。对 π_{ev}^{VV} 求 q_{ev}^{VV} 的二阶导可得，$\dfrac{d^2 \pi_{ev}^{VV}}{d(q_{ev}^{VV})^2}<0$，由此可得 π_{ev}^{VV} 是 q_{ev}^{VV} 的凹函数，存在最大值，令 $\dfrac{d\pi_{ev}^{VV}}{dq_{ev}^{VV}}=0$，可得行业中原有企业第二阶段生产期的最优产量决策为：

$$q_{ev}^{VV*}=\dfrac{D-q_{sv}^{VV}+2c_fK_{ev}^{VV}}{2(c_f+1)} \tag{4-15}$$

此外，创业企业的决策也包含两个阶段，故这里用逆推法进行求解，先求第二阶段的最优解。创业企业第二阶段的收益为：

$$\pi_{sv}^{VV}=(D-q_{ev}^{VV}-q_{sv}^{VV})q_{sv}^{VV}-c_f(K_{sv}^{VV}-q_{sv}^{VV})^2 \tag{4-16}$$

对 π_{sv}^{VV} 求 q_{sv}^{VV} 的二阶导可得 $\dfrac{d^2\pi_{sv}^{VV}}{d(q_{sv}^{VV})^2}<0$，由此可知 π_{sv}^{VV} 是凹函数，存在最大值，令 $\dfrac{d\pi_{sv}^{VV}}{dq_{sv}^{VV}}=0$ 可得，创业企业第二阶段生产期的最优产量决策为：

$$q_{sv}^{VV*}=\dfrac{D-q_{ev}^{VV}+2c_fK_{sv}^{VV}}{2(c_f+1)} \tag{4-17}$$

联立式（4-15）和式（4-17）可得行业中原有企业和创业企业第二阶段生产期的最优产量分别为：

$$q_{ev}^{VV*}=\dfrac{(2c_f+1)D+4c_f(c_f+1)K_{ev}^{VV}-2c_fK_{sv}^{VV}}{4(c_f+1)^2-1}$$

$$q_{sv}^{VV*}=\dfrac{(2c_f+1)D+4c_f(c_f+1)K_{sv}^{VV}-2c_fK_{ev}^{VV}}{4(c_f+1)^2-1} \tag{4-18}$$

将式（4-18）代入式（4-14）和式（4-16）中，可得行业中原有企业和创业企业第二阶段生产期最大运营收益分别为：

$$\pi_{ev}^{VV*}=\dfrac{[(2c_f+1)^2D-2c_f(2c_f+1)(K_{ev}^{VV}+K_{sv}^{VV})][(2c_f+1)D+4c_f(c_f+1)K_{ev}^{VV}-2c_fK_{sv}^{VV}]-c_f[(4c_f+3)K_{ev}^{VV}-(2c_f+1)D+2c_fK_{sv}^{VV}]^2}{[4(c_f+1)^2-1]^2} \tag{4-19}$$

$$\pi_{sv}^{VV*}=\dfrac{[(2c_f+1)^2D-2c_f(2c_f+1)(K_{ev}^{VV}+K_{sv}^{VV})][(2c_f+1)D+4c_f(c_f+1)K_{sv}^{VV}-2c_fK_{ev}^{VV}]-c_f[(4c_f+3)K_{sv}^{VV}-(2c_f+1)D+2c_fK_{ev}^{VV}]^2}{[4(c_f+1)^2-1]^2} \tag{4-20}$$

再求第一阶段的最优解，行业中原有企业第一阶段的利润为：

第四章 制造型创业企业与原有企业竞争的产量柔性技术决策

$$\prod_{ev}^{VV} = E(\pi_{ev}^{VV}) - c_v K_{ev}^{VV} \tag{4-21}$$

将式（4-19）代入式（4-21），可证 $\prod_{ev}^{VV}$ 是凹函数，存在最大值，故令 $\dfrac{d\prod_{ev}^{VV}}{dK_{ev}^{VV}} = 0$，可得行业中原有企业第一阶段筹建期的最优产能决策为：

$$K_{ev}^{VV*} = \frac{[4(c_f+1)^2-1]^2 c_v + 16c_f^2(c_f+1)^2 K_{sv} - 8\mu c_f(c_f+1)^2(2c_f+1)}{-2c_f(16c_f^3+40c_f^2+32c_f+9)}$$

$$\tag{4-22}$$

又由式（4-22）和可得创业企业的生存概率为：

$$\Phi_{sv}^{VV} = P(\pi_{sv}^{VV*} - c_v K_{sv}^{VV} \geq \alpha)$$

$$= \bar{F}\left\{ \frac{\sqrt{c_f(16c_f^4+64c_f^3+88c_f^2+48c_f+9)(K_{sv}^{VV})^2 + (\alpha+c_v K_{sv}^{VV})[4(c_f+1)^2-1]^2}}{(2c_f+1)\sqrt{c_f+1}} \right.$$

$$\left. - \frac{2c_f[2(c_f+1)K_{sv}^{VV} - K_{ev}^{VV}]}{2c_f+1} \right\}$$

$$\tag{4-23}$$

令 $A_3 = \dfrac{-2c_f[2(c_f+1)K_{sv}^{VV} - K_{ev}^{VV}]}{2c_f+1} +$

$\dfrac{\sqrt{c_f(16c_f^4+64c_f^3+88c_f^2+48c_f+9)(K_{sv}^{VV})^2 + (\alpha+c_v K_{sv}^{VV})[4(c_f+1)^2-1]^2}}{(2c_f+1)\sqrt{c_f+1}}$，

由式（4-23）可知当 A_3 最小时，创业企业的生存概率最大，可证 A_3 是 K_{sv}^{VV} 的凸函数，存在最小值，故令 $\dfrac{dA_3}{dK_{sv}^{VV}} = 0$，$4(c_f+1)^2-1 = A$，$16c_f^3+40c_f^2+32c_f+9 = B$，可得创业型企业的最优产能决策为：

$$K_{sv}^{VV*} = \frac{-c_v}{2c_f} + \frac{2(c_f+1)^{\frac{3}{2}}\sqrt{4\alpha c_f - c_v^2}}{\sqrt{c_f B}} \tag{4-24}$$

为保证 $K_{sv}^{VV} \geq 0$，这里设 $4\alpha c_f \geq c_v^2\left[1 + \dfrac{B}{16c_f(c_f+1)^3}\right]$，将式（4-24）代入式（4-22）可得行业中原有企业的最优产能决策为：

059

$$K_{ev}^{VV*} = \frac{8\mu c_f(c_f+1)^2(2c_f+1) - c_v A^2}{2c_f B} + \frac{4c_v(c_f+1)^2}{B} - \frac{16c_f(c_f+1)^{\frac{7}{2}}\sqrt{4\alpha - \frac{c_v^2}{c_f}}}{B^{\frac{3}{2}}}$$

(4-25)

令 $16c_f^3 + 44c_f^2 + 36c_f + 9 = C$，联立式（4-21）至式（4-25）可得，行业中原有企业的最大利润为

$$\prod_{ev}^{VV*} = \frac{64\alpha c_f^2(c_f+1)^4 - c_v^2(c_f+1)[A^2 + 2(2c_f+1)B]}{B^2} +$$

$$\frac{2\mu(c_f+1)(2c_f+1)c_v}{B} + \frac{(c_f+1)(\mu^2+\sigma^2)}{(2c_f+3)^2} +$$

$$\frac{8c_f^{\frac{1}{2}}(c_f+1)^{\frac{5}{2}}(2c_f+1)(c_v-\mu)\sqrt{4\alpha c_f - c_v^2}}{B^{\frac{3}{2}}} +$$

$$\frac{[c_v A^2 - 8\mu c_f(c_f+1)^2(2c_f+1)]^2}{4c_f A^2 B}$$

创业型企业最大生存概率为

$$\Phi_{su}^{VV*} = 1 - F\left\{\frac{B^2 - 64c_f^2(c_f+1)^4\sqrt{4\alpha c_f - c_v^2}}{2(2c_f+1)B^{\frac{3}{2}}c_f^{\frac{1}{2}}(c_f+1)^{\frac{1}{2}}} + \frac{[2(c_f+1)C - A^2]c_v}{(2c_f+1)B} + \frac{8\mu c_f(c_f+1)^2}{B}\right\}$$

证毕。

命题4-3给出了竞争情况下，行业中原有企业和创业型企业都选择产量柔性技术V时，二者的最优产能决策、创业型企业的最大生存概率和行业中原有企业的最大利润。

（四）TT 策略组合

当创业企业和行业中原有企业都选择无柔性技术 T 时，即 TT 策略组合下，创业企业和行业中原有企业的最优产能决策，及创业企业的最大生存概率和行业中原有企业的最大利润如下。

第四章　制造型创业企业与原有企业竞争的产量柔性技术决策

命题 4-4：

当创业企业和行业中原有企业都选择无柔性技术 T 时，创业企业的最优产能为 $K_{st}^{TT*} = \sqrt{\alpha}$，行业中原有企业的最优产能为 $K_{et}^{TT*} = \dfrac{\mu - \sqrt{\alpha} - c_t}{2}$；行业中原有企业最大利润为 $E(\prod_{et}^{TT*}) = \dfrac{(\mu - \sqrt{\alpha} - c_t)^2}{4}$；创业企业的最大生存概率为 $\Phi_{st}^{TT*} = 1 - F\left(2\sqrt{\alpha} + \dfrac{\mu - \sqrt{\alpha} + c_t}{2}\right)$。

证明：

由 Swinney 等（2011）的理论可知，创业企业和行业中原有企业都选择无柔性技术时，二者的最优决策与二者都选择早投资的决策相同，故可得上述命题。

命题 4-4 给出了竞争情况下，两企业都选择无柔性技术 T 时，二者的最优产能决策、创业企业的最大生存概率和行业中原有企业的最大利润。由于竞争情况下，二者的纳什均衡由二者的反应函数决定，故由命题 4-1 至命题 4-4 可得创业型企业与行业中原有企业竞争的情况下，二者的反应函数如定理 4-1。

定理 4-1：

①当创业企业选择无柔性技术时，若 $\sigma^2 \leq S_1$，行业中原有企业选择无柔性技术，反之选择产量柔性技术；②当创业企业选择产量柔性技术时，若 $\sigma^2 \leq S_4$，行业中原有企业选择无柔性技术，反之选择产量柔性技术；③当行业中原有企业选择无柔性技术时，若 $c_t \leq S_2$，创业企业选择无柔性技术，反之选择产量柔性技术；④当行业中原有企业选择产量柔性技术时，若 $c_t \leq S_3$，创业企业选择无柔性技术，反之选择产量柔性技术。其中：

$$S_1 = (c_f+1)\left[(\mu-\sqrt{\alpha}-c_t)^2 - 2c_v(\mu-\sqrt{2\alpha}) - \dfrac{(c_f+1)c_v^2}{c_f}\right] - \dfrac{(\mu-3c_f^2)(\mu-\sqrt{2\alpha})^2}{c_f}$$

$$S_2 = c_v - \dfrac{3\sqrt{\alpha}(2c_f+1) - (3c_f+2)\sqrt{4\alpha - \dfrac{c_v^2}{c_f}}}{4c_f+3}$$

$$S_3 = \left[\frac{-C\left(-c_v\sqrt{B} + 4c_f^{\frac{1}{2}}(c_f+1)^{\frac{3}{2}}\sqrt{4\alpha c_f - c_v^2}\right)}{B^{\frac{3}{2}}} - \frac{c_v A^2}{2B(c_f+1)} + \frac{c_v}{2} - \sqrt{2\alpha} \right.$$
$$\left. + \frac{4\mu c_f(c_f+1)(2c_f+1)}{B} + \frac{A^2\sqrt{4\alpha c_f - c_v^2}}{4\sqrt{B c_f}(c_f+1)^{\frac{3}{2}}} - \frac{\mu c_f}{2(c_f+1)} \right]$$

$$S_4 = \frac{(2c_f+3)^2}{c_f+1} \cdot$$

$$\left\{ \frac{\left[(2c_f+1)\mu - 2(c_f+1)c_t + c_v - \sqrt{4c_f^2\alpha - c_v^2}\right]^2}{8(c_f+1)(2c_f+1)} - \frac{2\mu(c_f+1)(2c_f+1)c_v}{B} \right.$$
$$- \frac{8c_f^{\frac{1}{2}}(c_f+1)^{\frac{5}{2}}(2c_f+1)(c_v-\mu)\sqrt{4\alpha c_f - c_v^2}}{B^{\frac{3}{2}}} - \frac{[c_v A^2 - 8\mu c_f(c_f+1)^2(2c_f+1)]^2}{4c_f A^2 B}$$
$$\left. - \frac{64\alpha c_f^2(c_f+1)^4 - c_v^2(c_f+1)[A^2 + 2(2c_f+1)B]}{B^2} \right\}$$
$$- \mu^2$$

证明：

①当创业企业选择无柔性技术时，行业中原有企业选择无柔性技术和产量柔性技术的最大利润分别为 $E\left(\prod_{et}^{TT*}\right)$ 和 $\prod_{ev}^{TV*}$，结合命题 4-2 和命题 4-4 有：当 $E\left(\prod_{et}^{TT*}\right) \geqslant \prod_{ev}^{TV*}$，即 $\sigma^2 \leqslant S_1$ 时，行业中原有企业选择无柔性技术，反之选择产量柔性技术。②、③、④的证明同上，这里不再赘述。

定理 4-1 说明在两企业的竞争中，行业中原有企业的柔性技术选择与市场需求的波动有密切关系，当需求波动较大时，行业中原有企业更倾向于选择产量柔性技术 V；反之，行业中原有企业倾向于选择无柔性技术 T。而创业企业更加关注成本因素，当无柔性技术的产能成本较小时，创业企业倾向于选择无柔性技术 T；反之，创业企业倾向于选择产量柔性技术 V。

第四章 制造型创业企业与原有企业竞争的产量柔性技术决策

四、两企业产量柔性技术决策的博弈分析

上一节研究了四种不同的柔性生产策略组合下,制造型创业企业和行业中原有企业的产量柔性生产技术决策,下面我们将研究制造型创业企业和行业中原有企业的产量柔性生产技术博弈,二者的博弈过程如图4-2所示。

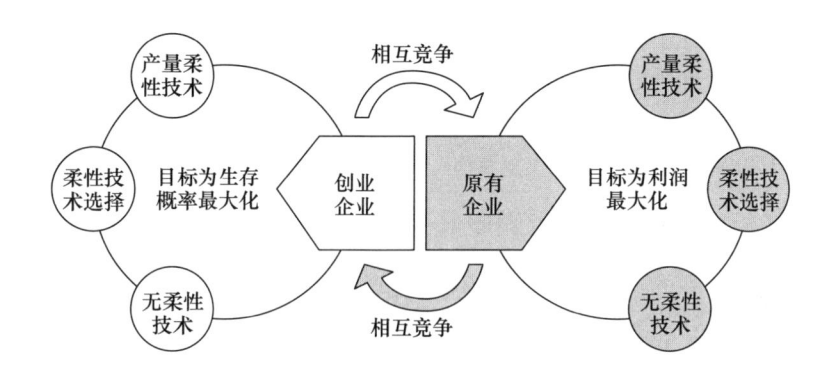

图4-2 制造型创业企业和行业中原有企业的产量柔性生产技术博弈

经过以上讨论发现,竞争环境下,两企业产量柔性技术决策博弈的支付矩阵如表4-1所示。

表4-1 两企业产量柔性技术决策博弈的支付矩阵

	行业中原有企业选择策略 T	行业中原有企业选择策略 V
创业企业选择策略 T	$[\Phi_{st}^{TT*}, E(\prod_{et}^{TT*})]$	$[\Phi_{st}^{TV*}, \prod_{ev}^{TV*}]$
创业企业选择策略 V	$[\Phi_{sv}^{VT*}, E(\prod_{et}^{VT*})]$	$[\Phi_{sv}^{VV*}, \prod_{ev}^{VV*}]$

结合命题4-1至命题4-4以及定理4-1可得,两企业产量柔性技术

决策博弈的均衡,以及各均衡策略满足的条件如定理4-2。

定理4-2:

当$\sigma^2 \leqslant S_1$且$c_t \leqslant S_2$时,(T,T)策略是均衡策略;当$\sigma^2 > S_1$且$c_t \leqslant S_3$时,(T,V)策略是均衡策略;当$\sigma^2 \leqslant S_4$且$c_t > S_2$时,(V,T)策略是均衡策略;当$\sigma^2 > S_4$且$c_t > S_3$时,(V,V)策略是均衡策略($\sigma^2 \geqslant 0$,$c_t \leqslant c_v$)。

证明:

根据纳什均衡的相关知识,并结合命题4-1至命题4-4和定理4-1可知:只有当$E(\prod_{et}^{TT*}) \geqslant \prod_{ev}^{TV*}$且$\Phi_{st}^{TT*} \geqslant \Phi_{sv}^{VT*}$时,两企业都不会偏离$(T,T)$策略,即只有当$\sigma^2 \leqslant S_1$且$c_t \leqslant S_2$时,$(T,T)$策略是均衡策略;只有当$\prod_{ev}^{TV*} > E(\prod_{et}^{TT*})$且$\Phi_{st}^{TV*} \geqslant \Phi_{sv}^{VV*}$时,两企业都不会偏离$(T,V)$策略,即只有当$\sigma^2 > S_1$且$c_t \leqslant S_3$时,$(T,V)$策略是均衡策略;只有当$E(\prod_{et}^{VT*}) \geqslant \prod_{ev}^{VV*}$且$\Phi_{sv}^{VT*} \geqslant \Phi_{st}^{TT*}$时,两企业都不会偏离$(V,T)$策略,即只有当$\sigma^2 \leqslant S_4$且$c_t > S_2$时,$(V,T)$策略是均衡策略;只有当$\prod_{ev}^{VV*} \geqslant E(\prod_{et}^{VT*})$且$\Phi_{sv}^{VV*} \geqslant \Phi_{st}^{TV*}$时,两企业都不会偏离$(V,V)$策略,即只有当$\sigma^2 > S_4$且$c_t > S_3$时,$(V,V)$策略是均衡策略。

证毕。

定理4-2给出了竞争环境下,两企业产量柔性技术决策博弈的纳什均衡,以及各均衡策略应满足的边界条件。该分析方法在Chrisman等(1998)的理论中也曾经用到。上述4种策略组合的边界并未覆盖所有参数范围,故除了上述4种均衡外,在两企业的竞争中,还有可能出现无竞争均衡或混合策略均衡的情况。此外,由上述纳什均衡的边界条件可知,在竞争情况下,影响创业企业和行业中原有企业产量柔性技术决策的因素如下:

一是产能成本大小。由定理4-1可知,当原有企业选择无柔性技术时,若$c_t \leqslant S_2$,创业企业选择无柔性技术,反之选择产量柔性技术;而当原有企业选择产量柔性技术时，成本边界变为 S_3。可见当原有企业的策略相同时，创业企业的决策受成本因素的影响较大。

二是需求方差大小。由定理 4-1 可知，当创业企业选择无柔性技术时，若 $\sigma^2 \leq S_1$，原有企业选择无柔性技术，反之选择产量柔性技术；而当创业企业选择产量柔性技术时，需求方差边界变为 S_4。可见当创业企业的策略相同时，原有企业的决策受方差因素的影响较大。

此外，两企业竞争均衡还与产量柔性技术的单位产量调整成本 c_f 有密切关系，但是由于均衡策略边界条件的表达式比较复杂，下面将用数值实验来具体分析这些因素对二者竞争均衡的影响。

五、数值实验

由于博弈均衡的边界比较抽象复杂，这一节我们将用算例来具体分析竞争环境下，两企业产量柔性技术决策的博弈均衡以及各均衡应满足的条件。

设市场需求的均值为 $\mu = 20$，创业企业初始固定负债为 $\alpha = 10$，无柔性技术单位产能成本为 $c_t = 3:0.5:6$，产量柔性技术单位产量调整成本为 $c_f = 2.5:0.5:3.5$，单位产能成本为 $c_v = 6$。

将参数值代入定理 4-2 中各均衡策略的边界条件 $S_1 \sim S_4$ 有：当产量柔性技术单位产量调整成本 $c_f = 2.5$ 时，创业企业和行业中原有企业竞争的均衡柔性技术选择如图 4-3 所示。

当产量柔性技术单位产量调整成本 $c_f = 3$ 时，创业企业和行业中原有企业竞争的均衡柔性技术选择如图 4-4 所示。

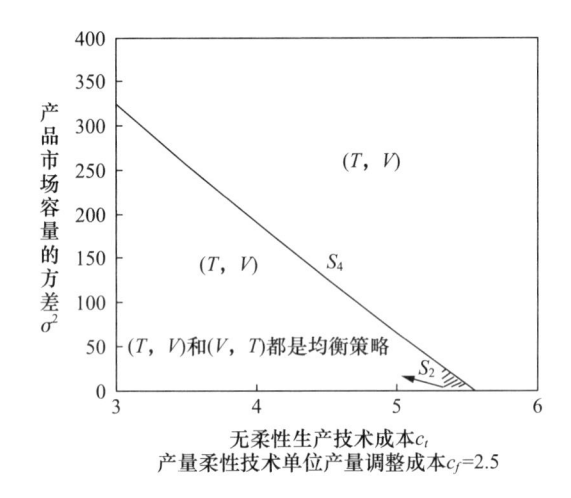

图 4-3 制造型创业企业与原有企业竞争中二者的均衡柔性技术决策（$c_f = 2.5$）

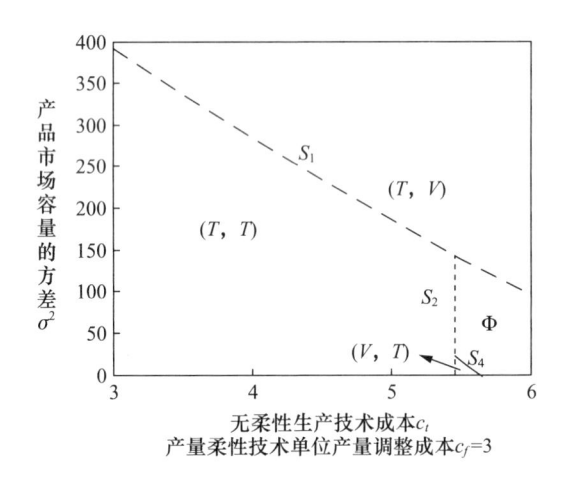

图 4-4 制造型创业企业与原有企业竞争中二者的均衡柔性技术决策（$c_f = 3$）

当产量柔性技术单位产量调整成本 $c_f = 3.5$ 时，创业企业和行业中原有企业竞争的均衡柔性技术选择如图 4-5 所示。

第四章 制造型创业企业与原有企业竞争的产量柔性技术决策

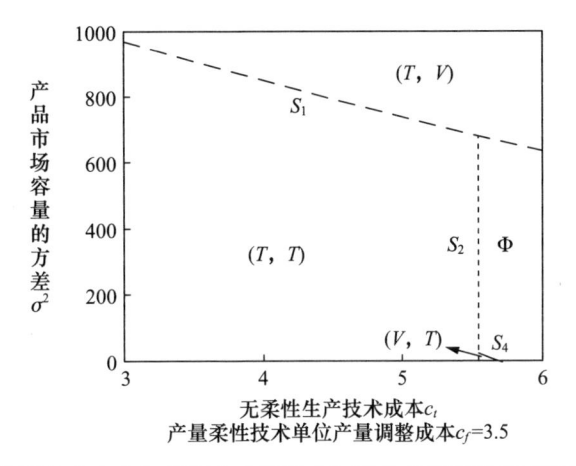

图 4-5 制造型创业企业与原有企业竞争中二者的均衡柔性技术决策（$c_f = 3.5$）

图 4-3 至图 4-5 分析了单位产量调整成本不同时，创业企业和行业中原有企业的竞争均衡，并形象描述了各均衡策略的边界。其中，$S_3 > 6 > c_t$，故总有 $c_t \leq S_3$；当 $c_f = 2.5$ 时，$S_1 < 0 \leq \sigma^2$，故总有 $\sigma^2 > S_1$，由图可以看出：

第一，当产量柔性技术的单位产量调整成本较小，即 $c_f = 2.5$ 时，两企业竞争中最有可能出现的均衡策略是 (T, V) 策略，即行业中原有企业选择产量柔性技术，创业企业选择无柔性技术。

第二，当产量柔性技术的单位产量调整成本 c_f 增大时，最有可能出现的均衡策略是 (T, T) 策略，即两企业都选择无柔性技术；而只有当产品市场需求的方差较大时，才会出现 (T, V) 均衡，即创业企业选择无柔性技术，而行业中原有企业选择产量柔性技术。

第三，随着产量柔性技术单位产量调整成本的增大，出现 (T, T) 均衡策略的可能性增大，即随着 c_f 的增大，行业中原有企业和创业企业都倾向于选择无柔性技术，这是因为当产量柔性技术的单位产能调整成本太大时，选择产量柔性技术所能得到的收益尚不能弥补成本的增加，因而两企业都倾向于选择单位产能成本较小的无柔性技术。

由上述分析可得，在与行业中原有企业的竞争中，创业企业更倾向于选择无柔性技术。这是因为相比于行业中原有企业，创业企业面临较大的破产风险，对成本因素更为敏感，因而更倾向于选择成本较小的无柔性技术。此外，当需求方差较大时，行业中原有企业倾向于选择产量柔性技术。这是因为行业中原有企业的目标为利润最大化，对市场需求的波动更为敏感，当市场需求的波动较大时，倾向于选择产量柔性技术，以更好地应对需求的不确定性。

六、本章小结

本章以生存概率最大化为创业企业的决策目标，重点研究了创业企业与行业中原有企业的竞争中，二者的产量柔性技术选择及产能决策，并利用传统博弈论的方法探讨了二者的竞争均衡，分析了影响二者竞争均衡的因素。研究结果表明：由于创业企业以生存概率最大化为决策目标，更加关注成本因素，在竞争中更倾向于选择成本较小的无柔性技术 T；而行业中原有企业对市场需求的波动更为敏感，当市场需求的波动较大时，更倾向于选择产量柔性技术 V。此外，随着产量柔性技术单位产量调整成本的增大，创业企业和行业中企业选择无柔性技术 T 的概率都随之增大。

本章只研究了产量柔性技术，而未考虑创业企业的其他柔性技术，如品种柔性技术，未来研究将考虑创业企业生产两种产品，可以选择的柔性技术有无柔性技术、品种柔性技术、产量柔性技术，或者同时选择品种柔性技术和产量柔性技术，探讨竞争情况下，创业企业品种柔性技术和产量柔性技术之间的关系。此外，从供应链的角度来讲，本章只考虑了生产商，而未考虑供应链上游的供应商与下游的零售商，因此，未来的研究可以考虑包含一个零售商和两个相互竞争生产商的供应链，生产商中有一个是创业企业，另一个是已有企业，二者可以选择产量柔性技术或无柔性技术，探讨竞争环境下，创业生产商与零售商之间的契约协调模型。

第五章　制造型创业企业品种柔性技术选择与产能决策研究*

本章以生产两种产品的制造型创业企业为研究对象，考虑制造型创业企业在进行生产技术的选择时可以选择品种柔性生产技术或无柔性生产技术，重点研究其品种柔性生产技术的选择及产能决策。首先构建了品种柔性生产技术下，制造型创业企业的产能决策模型；其次构建了无柔性生产技术下，制造型创业企业的产能决策模型；最后分别得出品种柔性生产技术和无柔性生产技术下，制造型创业企业的最优产能及最大生存概率，进而研究其品种柔性生产技术决策。并将研究结果与生产两种产品的行业中原有制造企业进行对比，探讨制造型创业企业的品种柔性生产技术决策与行业中原有企业的不同之处。研究结果表明：当可以选择的柔性生产技术有品种柔性生产技术和无柔性生产技术两种时，相比于行业中原有的制造企业，制造型创业企业更倾向于选择无柔性生产技术；当初始负债较大时，制造型创业企业倾向于选择品种柔性生产技术；当品种柔性生产技术和无柔性生产技术的单位产能成本之差较小时，创业型企业倾向于选择品种柔性技术。

---

* 本章原文已发表在《北京理工大学学报（社会科学版）》2013 年第 5 期，收入本书中时略有修改。

一、引言

相比于行业中原有的制造企业，制造型创业企业需要应对更大的市场需求不确定性，面临着更高的破产风险（Archibald et al.，2002；Possani et al.，2003；Chao et al.，2008；Joglelcar et al.，2009）。因此，不同于行业中原有企业，制造型创业企业的决策目标应是生存概率最大化，而非期望利润最大化（Tanrisever et al.，2012），因而如何应对市场需求的不确定性，以使自身顺利生存是创业型企业需解决的关键问题（Swinney et al.，2011）。为解决这个问题，国内外学者从多方面进行了深入研究，并提出了不同的应对策略，品种柔性生产技术就是其中之一（Van Mieghem，2003）。当企业生产两种或两种以上的产品时，品种柔性使企业能够依据市场需求信息的变化，相应地增加需求较大产品的产量，减少需求较少产品的产量（Chod et al.，2006），在多品种小批量的情况下，具有重要的现实意义。

当前，有关品种柔性生产技术研究较多，但大多数文献的研究对象都是行业中原有企业，以利润最大化为目标。Malhotra 和 Mackelprang（2012）利用互补原理研究了企业内部的生产柔性和外部的供应链柔性之间的互补作用。Goyal 和 Netessine（2007）研究了产品的相互替代性和需求相关性对产量柔性和品种柔性价值的影响。Goyal 和 Netessine（2011）研究了产量柔性、品种柔性和时间柔性间的关系。Boyabatli 和 Toktay（2011）研究了不完全资本市场中，企业的品种柔性技术和无柔性技术选择与产能投资决策。Chod 和 Rudi（2005）研究了资源柔性与价格柔性，认为当需求不确定性较大时，资源柔性具有更大的价值。Ceryan 等（2013）综合研究了两种产品的动态定价策略和品种柔性技术，认为品种柔性技术能够使两种产品之间的价格差保持稳定。倪得兵等（2011）研究了柔性生产与柔性技术的价值，但其研究对象为生产一种产品的行业中原有企业的产量柔性技术。Gao 和 Hitt（2012）与 Parlaktürk（2012）等则从产品多样化的角度来研究品种柔性技术的价值。上述研究都未考虑破产风险对企业品种柔性技术决策的影响，然而制造型创业企业面临较大的破产风险，决策目标不同于原有企业，品种柔性技术决策也与行业中原有企业不同。

制造型创业企业的品种柔性技术决策属于创业型企业的运营决策，Archibald 等（2002）首次提出创业型企业的决策目标应是生存概率最大化。Swinney 等（2011）研究了创业型企业的产能投资时间决策，认为当市场不确定性较大，且产能成本不会随时间锐减时，创业型企业会选择早投资。Wei 等（2012）研究了新产品市场中，创业型企业的生产与加工投资决策，认为创业型企业的决策者选择比较保守的投资策略时，其产量小于最优产量。此外，其他研究人员（Swinney & Netessine，2009；Babich，2010）从供应链的角度研究了上游创业型供应商的破产风险对下游企业运营决策的影响。Wall 和 Dyer（1996）通过风险厌恶偏好来研究破产风险对创业企业运营决策的影响。但由于创业型企业决策者并不是在所有的情况下都厌恶风险，以生存概率最大化作为创业型企业的决策目标，能够使研究结果更加合理。

综上所述，已有诸多文献研究企业的品种柔性技术决策，但这些研究都是以行业中原有企业为研究对象，而有关制造型创业企业运营决策的研究中，尚未有人研究过创业企业的品种柔性技术决策问题。因此，本章将在前人研究的基础上，创新性地将品种柔性技术决策引入创业企业运营决策的研究中，以生存概率最大化作为制造型创业企业的决策目标，重点研究制造型创业企业的品种柔性技术决策。首先，构建品种柔性生产技术和无柔性生产技术情况下，制造型创业企业的最优产能投资决策模型，并求出品种柔性生产技术和无柔性生产技术下，制造型创业企业的最大生存概率；其次，以产能投资决策模型为基础，通过对比两种不同的柔性生产技术下，制造型创业企业的最大生存概率，研究制造型创业企业的品种柔性生产技术决策；最后，用数值实验进行验证理论分析结果，提出制造型创业企业决策者在进行品种柔性生产技术决策时需要注意的方面。

二、问题描述与基本假设

设制造型创业企业生产两种产品提供给某市场，两种产品的市场容量分别为 A_1 和 A_2，分布函数都为 $F(X)$，两种产品的总市场容量为 D，均值分别为 $D-\mu$ 和 μ，方差都为 σ^2。为开办企业，制造型创业企业负债 α（这里的 α 是制造型创业企业为生产新产品进行的一系列固定资产投资以及产品研发投入等，这些投入均为负债）。制造型创业企业的营业利润为 $\prod$，当营业利润大于负债时，制造型创业企业能够生存，否则就会破产，生存概率 $\Phi=\Pr\{\prod\geqslant\alpha\}$，决策目标为生存概率最大化。为简化研究，假设产品的边际生产成本为0，相关研究如 Goyal 和 Netessine（2007，2011）也采用了相同的假设。

为生产这两种产品，制造型创业企业可选择的生产技术有无柔性生产技术（d）和品种柔性生产技术（f）两种。

当选择无柔性生产技术 d 时，制造型创业企业需要投入两条专用的生产线来分别生产两种产品，无柔性生产技术的单位产能成本为 c，两种产品的产能决策分别为 K_1 和 K_2，两种产品的价格分别为 p_1^d 和 p_2^d，反需求函数分别为 $p_1^d=A_1-K_1$ 和 $p_2^d=A_2-K_2$。

当其选择品种柔性生产技术时，制造型创业企业只需要投入一条品种柔性生产线来生产两种产品，品种柔性生产技术的单位产能成本为 c_f（$c_f \geqslant c$），总产能决策为 K_f，两种产品的产量分别为 q_1^f 和 q_2^f，两种产品的

第五章 制造型创业企业品种柔性技术选择与产能决策研究

价格分别为 p_1^f 和 p_2^f，反需求函数分别为 $p_1^d = A_1 - q_1^f$ 和 $p_2^d = A_2 - q_2^f$。

制造型创业企业的决策顺序如下：一是柔性生产技术的选择与投资决策，即在品种柔性生产技术和无柔性生产技术中进行选择。当选择品种柔性生产技术时，制造型创业企业只需要投入一条品种柔性生产线来生产两种产品；当选择无柔性生产技术时，制造型创业企业需要投入两条专用生产线来分别生产两种产品。二是产能决策，即根据所选择的柔性生产技术类型来进行产能投资决策。当选择品种柔性生产技术时，制造型创业企业只需要决定总产能的大小；当选择无柔性生产技术时，制造型创业企业需要确定每条生产线的产能大小。三是产量决策，即在临近销售期时，制造型创业企业需要根据较为确切的市场需求信息来确定每种产品的产量。当选择品种柔性生产技术时，制造型创业企业需要确定总产能在两种产品之间的分配方案，依据该分配方案来确定每种产品的产量；当选择无柔性生产技术时，两种产品产量大小与两条专用生产线的产能大小相等，但不能依据市场需求的变化进行调整。具体的决策顺序如图 5-1 所示。

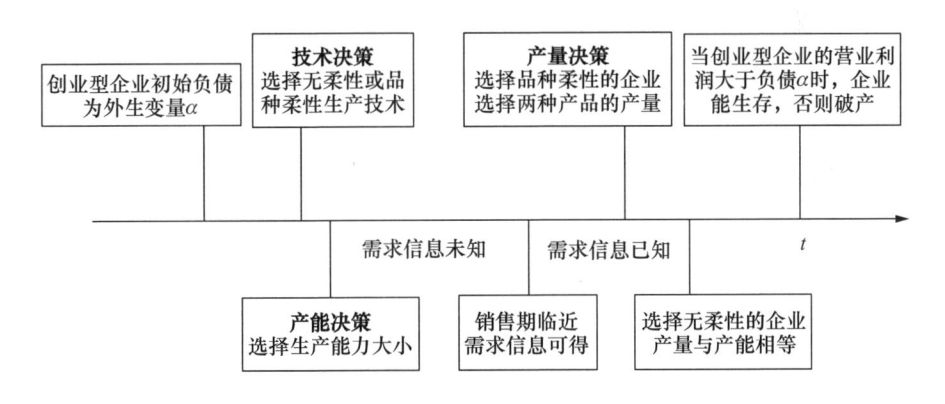

图 5-1 制造型创业企业的决策顺序

三、模型分析

（一）无柔性生产技术下制造型创业企业的最优产能决策

本节研究当制造型创业企业选择无柔性生产技术时，其最优产能、产量决策以及最大生存概率。

由上节中的问题描述可知：当选择无柔性生产技术时，制造型创业企业需要投资两条专用生产线来分别生产两种产品；假设产品 1 和产品 2 的产能分别为 K_1 和 K_2，在销售期临近，需求信息确切时，制造型创业企业不能根据渐趋明确的需求信息变更其产量，产品 1 和产品 2 的产量与其产能大小相等；制造型创业企业的决策目标为生存概率最大化，则其最优产能决策和最大生存概率如下。

命题 5-1：

在垄断情况下，当制造型创业企业选择无柔性生产技术时，两种产品的最优产能分别为 $K_1^* = \dfrac{D - 2c - \sqrt{8\alpha - (D-2c)^2}}{4}$，$K_2^* = \dfrac{(D-2c) + \sqrt{8\alpha - (D-2c)^2}}{4}$；制造型创业企业的最大生存概率为 $\Phi_d^* = \overline{F}\left[\dfrac{D + \sqrt{8\alpha - (D-2c)^2}}{2}\right]$。

证明：

由相关研究可知，当制造型创业企业选择无柔性生产技术时，不能根据具体的需求信息调整产品的产量，其所生产的两种产品的最终产量与其最初的产能相等，产品 1 和产品 2 的价格分别为 $p_1^d = A_1 - K_1$，$p_2^d = A_2 - K_2$；总的营业利润为 $\prod_d = p_1^d K_1 + p_1^d K_2 - c(K_1 + K_2)$；生存概率为：

第五章 制造型创业企业品种柔性技术选择与产能决策研究

$$\Phi_d = \Pr\left\{\prod\nolimits_d \geqslant \alpha\right\} = \Pr\left\{(A_1 - K_1)K_1 + (A_2 - K_2)K_2 - c(K_1 + K_2) \geqslant \alpha\right\} \tag{5-1}$$

由研究假设可知：$A_1 + A_2 = D$，将其代入式（5-1），并令 $K_2 > K_1$ 可得制造型创业企业的生产概率为：

$$\Phi_d = \Pr\left[A_2 \geqslant \frac{\alpha + (c-D)K_1 + cK_2 + K_1^2 + K_2^2}{K_2 - K_1}\right] = \overline{F}\left[\frac{\alpha + (c-D)K_1 + cK_2 + K_1^2 + K_2^2}{K_2 - K_1}\right] \tag{5-2}$$

令 $\Delta_1 = \dfrac{\alpha + (c-D)K_1 + cK_2 + K_1^2 + K_2^2}{K_2 - K_1}$，则由式（5-2）可知，当 Δ_1 最小时，制造型创业企业的生产概率 Φ_d 最大，因此，下面证明 Δ_1 是否存在最小值，分别对 Δ_1 求 K_1 和 K_2 的偏导数可得：

$$\frac{\partial \Delta_1}{\partial K_1} = \frac{K_2^2 - K_1^2 + 2K_1 K_2 + (2c-D)K_2 + \alpha}{(K_2 - K_1)^2}$$

$$\frac{\partial \Delta_1}{\partial K_2} = \frac{K_2^2 - K_1^2 - 2K_1 K_2 - (2c-D)K_2 - \alpha}{(K_2 - K_1)^2} \tag{5-3}$$

由式（5-2）可得

$$A = \frac{\partial^2 \Delta_1}{\partial K_1^2} = \frac{2[2K_2^2 - (D-2c)K_2 + \alpha]}{(K_2 - K_1)^3}$$

$$B = \frac{\partial^2 \Delta_1}{\partial K_1 K_2} = \frac{(D-2c)(K_2 + K_1) - 4K_1 K_2 - 2\alpha}{(K_2 - K_1)^3}$$

$$C = \frac{\partial^2 \Delta_1}{\partial K_2^2} = \frac{2[2K_1^2 - (D-2c)K_1 + \alpha]}{(K_2 - K_1)^3} \tag{5-4}$$

$AC - B^2 = \dfrac{8\alpha - (D-2c)^2}{(K_2 - K_1)^4}$，令 $2(D-2c)^2 > 8\alpha > (D-2c)^2$，则 $AC - B^2 > 0$ 且 $A > 0$，Δ_1 为凹函数，因此，令 $\dfrac{\partial \Delta_1}{\partial K_1} = 0$，$\dfrac{\partial \Delta_1}{\partial K_2} = 0$，有：

$$\alpha - K_1^2 + K_2^2 + (2c-D)K_2 + 2K_1 K_2 = 0 \tag{5-5}$$

$$\alpha - K_2^2 + K_1^2 + (2c-D)K_1 + 2K_1 K_2 = 0 \tag{5-6}$$

联立式（5-5）和式（5-6）可得 Δ_1 的最小值点，即制造型创业企业所生产的两种产品的最优产能分别为 $K_1^* = \dfrac{D - 2c - \sqrt{8\alpha - (D - 2c)^2}}{4}$，$K_2^* = \dfrac{(D - 2c) + \sqrt{8\alpha - (D - 2c)^2}}{4}$；将两种产品的最优产能分别代入式（5-2）中制造型创业企业的生产概率中，可得创业型企业的最大生存概率为 $\Phi_d^* = \overline{F}\left[\dfrac{D + \sqrt{8\alpha - (D - 2c)^2}}{2}\right]$。

证毕。

命题 5-1 分析了生产两种产品的制造型创业企业选择无柔性生产技术时，两种专用生产线的最优产能决策，并得出了制造型创业企业的最大生存概率。

由研究结果可见：当选择无柔性生产技术时，制造型创业企业的总产能投资决策与两种产品的市场容量成正比，与无柔性生产技术的单位产能成本成反比。当两种产品的市场容量和无柔性生产技术的单位产能成本不变时，制造型创业企业所生产的两种产品的总产能不变；而制造型创业企业所生产的单个产品的最优产能决策不仅与两种产品的市场容量和无柔性生产技术的单位产能成本相关，还与制造型创业企业的初始负债 α 相关。当初始负债 α 较大时，制造型创业企业对两种产品的产能投资相差较大；当初始负债较小时，制造型创业企业对两种产品产能的投资相差较小。

（二）品种柔性生产技术下制造型创业企业的最优产能决策

上文研究了无柔性生产技术条件下，制造型创业企业的最优产能决策及最大生存概率。下面将分析制造型创业企业选择品种柔性技术时，其所生产的两种产品的最优产能和产量决策及创业企业的最大生存概率。

由上节中的问题描述可知，当制造型创业企业选择品种柔性生产技术时，只需要投入一条品种柔性生产线来生产两种产品，设制造型创业企业

投入的总产能为 K_f；当需求信息确切时，制造型创业企业可以在两种产品之间进行产能分配，两种产品的产量分别为 q_{1f} 和 q_{2f}，则 $q_{1f}+q_{2f}=K_f$，决策目标为生存概率最大化，则其产能和产量决策如下。

命题 5-2：

当创业企业选择品种柔性生产技术时，其最优产能为 $K_f^*=\dfrac{D-2c_f}{2}$；最大生存概率为 $\Phi_f^*=1-\left\{F\left[\dfrac{D+\sqrt{8\alpha-(D-2c_f)^2}}{2}\right]-F\left[\dfrac{D-\sqrt{8\alpha-(D-2c_f)^2}}{2}\right]\right\}$。

证明：

当制造型创业企业选择品种柔性生产技术时，其决策过程可分为两个阶段，第一阶段为产能投资决策，第二阶段为两种产品的产量决策。两种产品的价格分别为 $p_1^f=A_1-q_{1f}$，$p_2^f=A_2-q_{2f}=A_2-(K_f-q_{1f})$。

当选择品种柔性生产技术时，制造型创业企业的决策包含两个阶段，因此我们用逆推法进行求解，首先，求第二阶段的最优解，由以上分析可知，制造型创业企业第二阶段的运营收益为：

$$\pi_f=p_1q_{1f}+p_2(K_f-q_{1f})=(A_1-q_{1f})q_{1f}+[A_2-(K_f-q_{1f})](K_f-q_{1f}) \quad (5-7)$$

可以证明 π_f 是凹函数，存在最大值，对式（5-7）右边进行求导，并令 $\dfrac{d\pi_f}{dq_{1f}}=0$，可得当选择品种柔性生产技术时，制造型创业第二阶段的最优产量决策为：

$$q_{1f}^*=\dfrac{A_1-A_2}{4}+\dfrac{K_f}{2},\quad q_{2f}^*=\dfrac{A_2-A_1}{4}+\dfrac{K_f}{2} \quad (5-8)$$

联立式（5-7）和式（5-8）可得，制造型创业企业第二阶段的运营收益为：

$$\pi_f^*=\dfrac{(A_1-A_2)^2}{8}+\dfrac{(A_1+A_2)K_f}{2}-\dfrac{K_f^2}{2} \quad (5-9)$$

其次，求制造型创业企业第一阶段的最优产能决策，由上述问题描述可知，制造型创业企业第一阶段的利润为 $\prod_f=\pi_f-c_fK_f$，制造型创业企

业的生存概率为

$$\Phi_f = \Pr\{\prod\nolimits_f \geq \alpha\} = \Pr\left\{\frac{(A_1-A_2)^2}{8} + \frac{(A_1+A_2)K_f}{2} - \frac{K_f^2}{2} - c_f K_f \geq \alpha\right\}$$

(5-10)

由研究假设可知：制造型创业企业所生产的两种产品的市场容量之和为 $A_1 + A_2 = D$，将其代入式（5-10）可得制造型创业企业的最大生产概率为

$$\Phi_f = 1 - \Pr\left[\frac{D}{2} - \sqrt{K_f(K_f-D)+2(c_f K_f+\alpha)} \leq A_2 \leq \frac{D}{2} + \sqrt{K_f(K_f-D)+2(c_f K_f+\alpha)}\right]$$

$$= 1 - \left\{F\left[\frac{D}{2}+\sqrt{K_f(K_f-D)+2(c_f K_f+\alpha)}\right] - F\left[\frac{D}{2}-\sqrt{K_f(K_f-D)+2(c_f K_f+\alpha)}\right]\right\}$$

(5-11)

令 $\Delta_2 = \sqrt{K_f(K_f-D)+2(c_f K_f+\alpha)}$，由分布函数的性质可知，当 Δ_2 最小时，制造型创业企业的生存概率 Φ_f 最大，令 $\frac{\partial \Delta_2}{\partial K_f} = 0$，可得制造型创业企业第一阶段的最优产能决策为 $K_f^* = \frac{D-2c_f}{2}$，将其代入式（5-7）和式（5-10）可得，当选择品种柔性技术时，制造型创业企业所生产两种产品的最优产量分别为 $q_{1f}^* = \frac{D-A_2-c_f}{2}$，$q_{2f}^* = \frac{A_2-c_f}{2}$，最大生存概率为

$$\Phi_f^* = 1 - \left\{F\left[\frac{D+\sqrt{8\alpha-(D-2c_f)^2}}{2}\right] - F\left[\frac{D-\sqrt{8\alpha-(D-2c_f)^2}}{2}\right]\right\}$$

证毕。

命题 5-2 分析了制造型创业企业选择品种柔性技术时，品种柔性生产线的最优产能决策和两种产品的最优产量，并得出了其最大生存概率。

由命题 5-1 和命题 5-2 可以看出，当选择品种柔性生产技术时，制造型创业企业的最优产能决策的表达式与无柔性生产技术条件下，两个专用生产线最优产能之和的表达式相同。但相比于无柔性生产技术，品种柔性生产技术的单位产能成本较大。因此，品种柔性生产技术条件下，制造

型创业企业的最优总产能小于无柔性生产技术条件下,两种产品的最优总产能。

上述两个命题分别研究了无柔性生产技术和品种柔性生产技术下,制造型创业企业的最优产能决策及最大生存概率,下面将两种不同的柔性生产技术下,制造型创业企业的最大生存概率进行对比,研究创业型企业的品种柔性技术决策。

(三) 创业型企业品种柔性技术决策及影响因素分析

对比分析命题 5-1 和命题 5-2 中无柔性生产技术和产量柔性生产技术下,制造型创业企业的最大生存概率,可以得到制造型创业企业选择品种柔性技术的边界条件如下。

命题 5-3:

当 $c > \dfrac{D - \sqrt{8\alpha - \left(2F^{-1}\left\{F\left[\dfrac{D+\sqrt{8\alpha-(D-2c_f)^2}}{2}\right] - F\left[\dfrac{D-\sqrt{8\alpha-(D-2c_f)^2}}{2}\right]\right\} - D\right)^2}}{2}$ 时,制造型创业企业会选择品种柔性生产技术;反之,会选择无柔性生产技术。

证明:

由命题 5-1 和命题 5-2 可知,当制造型创业企业选择品种柔性生产技术时,其最大生存概率为 $\Phi_f^* = 1 - \left\{F\left[\dfrac{D+\sqrt{8\alpha-(D-2c)^2}}{2}\right] - F\left[\dfrac{D-\sqrt{8\alpha-(D-2c)^2}}{2}\right]\right\}$;当制造型创业企业选择无柔性技术时,其最大生存概率为:$\Phi_d^* = \overline{F}\left[\dfrac{D+\sqrt{8\alpha-(D-2c)^2}}{2}\right]$,而创业企业的决策目标为生存概率最大化,当

$$F\left[\dfrac{D+\sqrt{8\alpha-(D-2c_f)^2}}{2}\right] - F\left[\dfrac{D+\sqrt{8\alpha-(D-2c)^2}}{2}\right] < F\left[\dfrac{D-\sqrt{8\alpha-(D-2c_f)^2}}{2}\right]$$

(5-12)

即当 $c > \dfrac{D - \sqrt{8\alpha - \left(2F^{-1}\left\{F\left[\dfrac{D+\sqrt{8\alpha-(D-2c_f)^2}}{2}\right] - F\left[\dfrac{D-\sqrt{8\alpha-(D-2c_f)^2}}{2}\right]\right\} - D\right)^2}}{2}$ 时，$\Phi_f^* > \Phi_d^*$，制造型创业企业应选择品种柔性生产技术；反之，制造型创业企业应选择无柔性技术。

证毕。

通过对比无柔性生产技术和产量柔性生产技术下，制造型创业企业的最大生存概率，命题 5-3 给出了制造型创业企业选择无柔性生产技术和品种柔性生产技术的成本边界。当无柔性生产技术的单位产能成本大于这一边界时，制造型创业企业应选择品种柔性技术；当无柔性生产技术的单位产能成本小于这一边界时，制造型创业企业应选择无柔性技术。

由于上述成本边界的表达式比较抽象复杂，因此，下面我们将在命题 5-4 中进一步分析制造型创业企业品种柔性生产技术决策的影响因素。

命题 5-4：

品种柔性生产技术的单位产能成本与无柔性生产技术的单位产能成本相差越小，制造型创业企业越倾向于选择品种柔性生产技术；初始负债 α 越大，制造型创业企业越倾向于选择品种柔性生存技术。

证明：

令 $\Delta = \sqrt{8\alpha - (D-2c_f)^2} - \sqrt{8\alpha - (D-2c)^2}$，则由分布函数的性质可知 Δ 越大，不等式（5-12）的左边越大，制造型创业企业选择品种柔性生产技术的概率越小。令 $\Delta c = c_f - c$，则由 Δ 的表达式可得：Δc 越小，Δ 越小，制造型创业企业选择品种柔性生存技术的概率越大；对 Δ 求 α 的偏导，可得：$\dfrac{\partial \Delta}{\partial \alpha} = \dfrac{\sqrt{8\alpha - (D-2c)^2} - \sqrt{8\alpha - (D-2c_f)^2}}{4\sqrt{8\alpha-(D-2c_f)^2}\sqrt{8\alpha-(D-2c)^2}} < 0$，故可知 Δ 是 α 的减函数，α 越大，Δ 越小，制造型创业企业选择品种柔性生产技术的概率越大。

证毕。

命题 5-4 在命题 5-3 的基础上，进一步分析了影响生产两种产品的

第五章 制造型创业企业品种柔性技术选择与产能决策研究

制造型创业企业品种柔性生产技术决策的因素：认为制造型创业企业的品种柔性生产技术决策不仅与两种柔性生产技术的单位产能成本之差相关，还与企业的初始负债相关。

当两种柔性生产技术的单位产能成本之差较大时，制造型创业企业选择品种柔性生产技术的概率较小，这是因为制造型创业企业更加关注生存问题，决策目标为生存概率最大化，因此其更加关注成本因素，倾向于选择成本较小的无柔性生产技术；此外，当制造型创业企业的初始负债较大时，创业型企业选择品种柔性技术的概率增大，这是由于当初始投资较大时，创业型企业决策者成为风险追求型，倾向于选择成本较大的品种柔性技术，以更好地应对市场需求的不确定性。

上述命题分析了生产两种产品的制造型创业企业的品种柔性生产技术决策，并探讨了其品种柔性生产技术决策的影响因素，下面我们将分析行业中原有的制造企业的品种柔性生产技术决策，并将其与创业企业进行对比，研究破产风险对企业品种柔性生产技术决策的影响。当行业中原有企业生产两种产品时，其柔性技术决策如下。

命题 5-5：

当 $\sigma^2 > \left(\dfrac{D}{2} - c\right)^2 - \left(\dfrac{D}{2} - c_f\right)^2$ 时，行业中原有制造企业会选择品种柔性生产技术；反之，会选择无柔性生产技术。

证明：

不同于创业企业，行业中原有制造企业以利润最大化为决策目标。同命题 5-1 中的假设，当选择无柔性生产技术时，行业中原有制造企业的期望利润为：

$$E\prod{}_{d}^{e} = E[p_1^e K_1^e + p_2^e K_2^e - c(K_1^e + K_2^e)]$$

$$= (D - \mu - K_1^e)K_1^e + (\mu - K_2^e)K_2^e - c(K_1^e + K_2^e) \quad (5-13)$$

可证 $E\prod{}_{d}^{e}$ 是凹函数，存在最大值，令 $\dfrac{\partial E\prod{}_{d}^{e}}{\partial K_1^e} = 0$，$\dfrac{\partial E\prod{}_{d}^{e}}{\partial K_2^e} = 0$ 可得，

行业中原有企业两种产品的最优产能决策为 $K_1^{e*} = \dfrac{D-\mu-c}{2}, K_2^{e*} = \dfrac{\mu-c}{2}$，最大期望利润为：

$$\prod_d^{e*} = \frac{(D-\mu)^2 + \mu^2 - 2c(D-c)}{4} \qquad (5-14)$$

同命题 5-2 中的假设，当选择产量柔性技术时，行业中原有企业的决策阶段可分为两个阶段，第二阶段的利润同式（5-9），第一阶段的期望利润为：

$$E\prod_f^e = E\left[\frac{(D-2A_2)^2}{8} + \frac{DK_f^e}{2} - \frac{K_f^{e2}}{2} - c_f K_f^e\right]$$

$$= \frac{D^2 - 4D\mu + 4(\mu^2 + \sigma^2)}{8} + \frac{DK_f^e}{2} - \frac{K_f^{e2}}{2} - c_f K_f^e \qquad (5-15)$$

可证 $E\prod_f^e$ 是凸函数，存在最大值，因此令 $\dfrac{dE\prod_f^e}{dK_f^e} = 0$，可得行业中原有企业的最优产能决策为 $K_f^{e*} = \dfrac{D}{2} - c_f$，最大期望利润为：

$$\prod_f^{e*} = \frac{(D-2\mu)^2 + 4\sigma^2 + (D-2c_f)^2}{8} \qquad (5-16)$$

联立式（5-14）和式（5-16）可得：当 $\sigma^2 > \left(\dfrac{D}{2} - c\right)^2 - \left(\dfrac{D}{2} - c_f\right)^2$ 时，行业中原有的制造企业会选择品种柔性生产技术；反之，选择无柔性生产技术。

证毕。

由命题 5-5 可知，当市场容量的方差较大时，行业中原有企业倾向于选择品种柔性技术；反之，行业中原有企业倾向于选择无柔性技术，可见市场容量的方差对行业中原有企业的品种柔性技术决策的影响较明确；而创业型企业则不同，由命题 5-3 和命题 5-4 可知，创业型企业的品种柔性技术决策还与市场容量的分布相关，可见市场容量的方差对行业中原有企业的品种柔性技术决策的影响依赖于市场容量的分布类型。此外，由命题 5-5 还可以看出，品种柔性技术的单位产能成本和无柔性技术的单位产能成本相差越大，行业中原有企业选择品种柔性技术的概率越小，这与创业企业类似。

四、数值实验

由于上述命题中解析解的表达式比较抽象复杂，下面我们通过数值实验来具体验证制造型创业企业的品种柔性技术决策；并进一步验证其与行业中原有企业品种柔性技术决策的不同之处。

此处采用三组模拟数值算例来验证上述理论分析结果。假设市场总容量 $D=20$，制造型创业企业的初始负债为 $\alpha=40:2:48$，品种柔性的单位产能成本为 $c_f=2:0.1:5$，由命题 5-3 可知创业型企业选择品种柔性技术的成本边界为 $c>$

$$\frac{D-\sqrt{8\alpha-\left(2F^{-1}\left\{F\left[\frac{D+\sqrt{8\alpha-(D-2c_f)^2}}{2}\right]-F\left[\frac{D-\sqrt{8\alpha-(D-2c_f)^2}}{2}\right]\right\}-D\right)^2}}{2}$$

。即当无柔性技术的单位产能成本符合上述条件时，制造型创业企业选择品种柔性技术；否则，创业型企业会选择无柔性技术。假设产品 2 的市场容量服从正态分布 $N[\mu,\sigma^2]$，均值 $\mu=10$，标准差分别为 6、7 和 8，结合上述参数值可得：当市场容量方差不同时，制造型创业型企业的品种柔性技术决策如图 5-2 至图 5-4 所示。

由图 5-2 至图 5-4 可以看出：制造型创业企业选择品种柔性生产技术的成本边界与其初始负债 α 成反比，当初始负债 α 较大时，制造型创业企业更倾向于选择品种柔性生产技术；当品种柔性生产技术的单位产能成本与无柔性生产技术的单位产能成本相差较大时，制造型创业企业更倾向于选择无柔性生产技术；在两种产品市场容量服从正态分布的大部分情况下，当

制造型创业企业柔性生产技术选择与产能决策研究

市场容量的波动较大时，制造型创业企业更倾向于选择品种柔性技术。

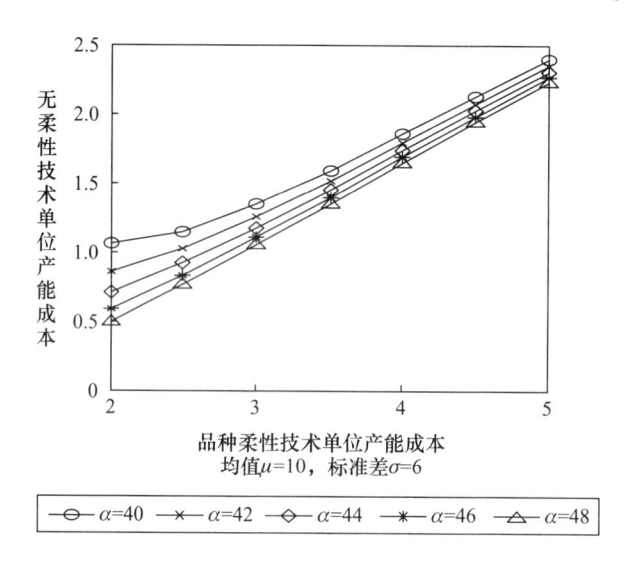

图 5-2 市场容量的标准差为 6 时，
制造型创业企业的品种柔性生产技术决策

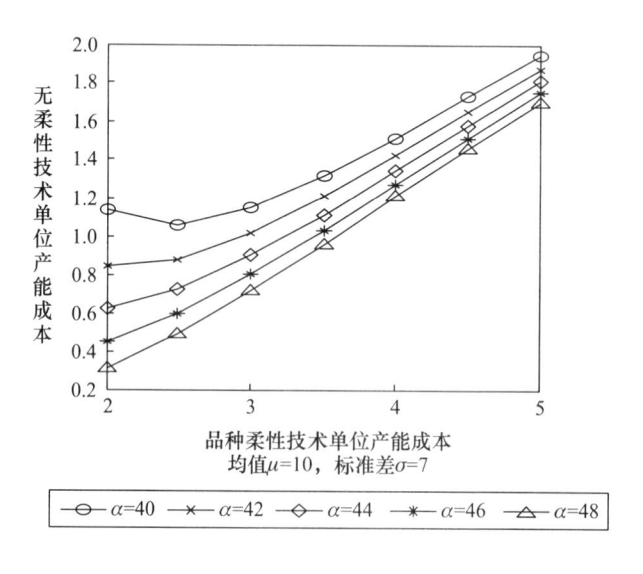

图 5-3 市场容量的标准差为 7 时，
制造型创业企业的品种柔性生产技术决策

第五章 制造型创业企业品种柔性技术选择与产能决策研究

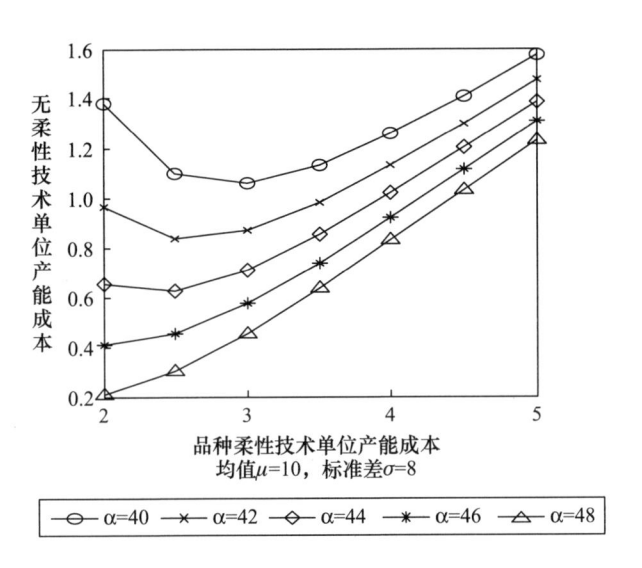

图 5-4 市场容量的标准差为 8 时，制造型创业企业的品种柔性生产技术决策

此外，由命题 5-4 可得行业中原有的制造型企业选择品种柔性生产技术的边界条件为：$c > \frac{D}{2} - \sqrt{\sigma^2 - \left(\frac{D}{2-c_f}\right)^2}$，结合上述数值可得，行业中原有企业的品种柔性技术决策如图 5-5 至图 5-7 所示。

由图 5-5 至图 5-7 可以看出，行业中原有制造型企业选择品种柔性生产技术的成本边界与产品市场总容量 D 成正比，与单一产品的市场容量的方差 σ 成反比。说明当市场容量方差较大时，行业中原有企业更倾向于选择品种柔性技术；当市场容量较大时，行业中原有企业更倾向于选择无柔性技术。

对比图 5-2 至图 5-7 可以看出，相比于行业中原有的制造型企业，制造型创业企业的决策者更加谨慎，更倾向于选择成本较小的无柔性生产技术；而行业中原有的制造型企业则更倾向于选择能够更好地应对市场需求不确定性的品种柔性生产技术。

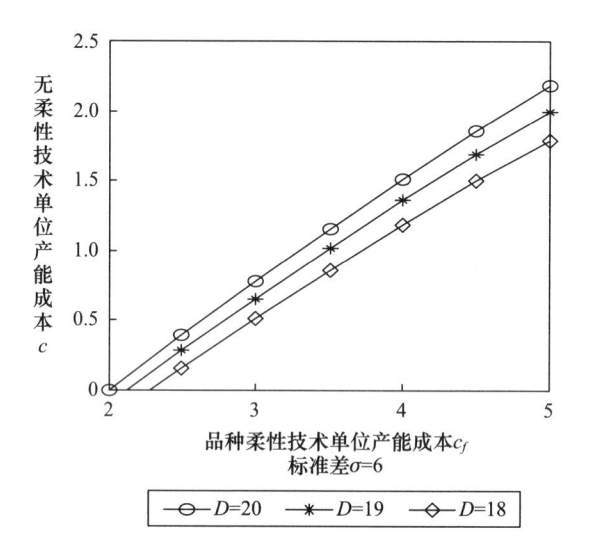

**图 5-5　市场容量的标准差为 6 时，
行业中原有的制造型企业的品种柔性生产技术决策**

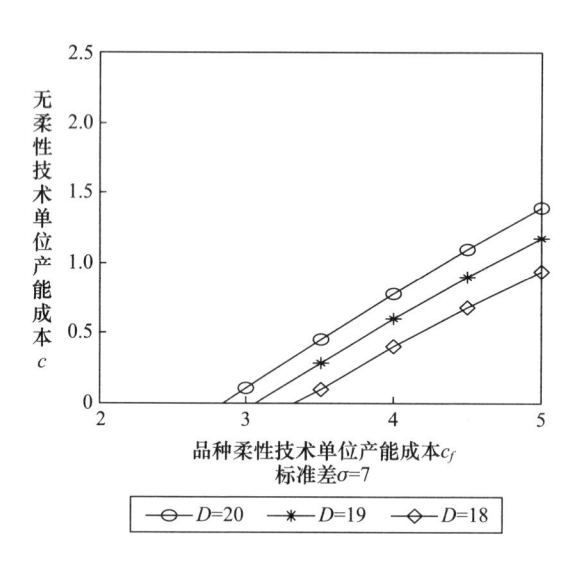

**图 5-6　市场容量的标准差为 7 时，
行业中原有的制造型企业的品种柔性生产技术决策**

第五章 制造型创业企业品种柔性技术选择与产能决策研究

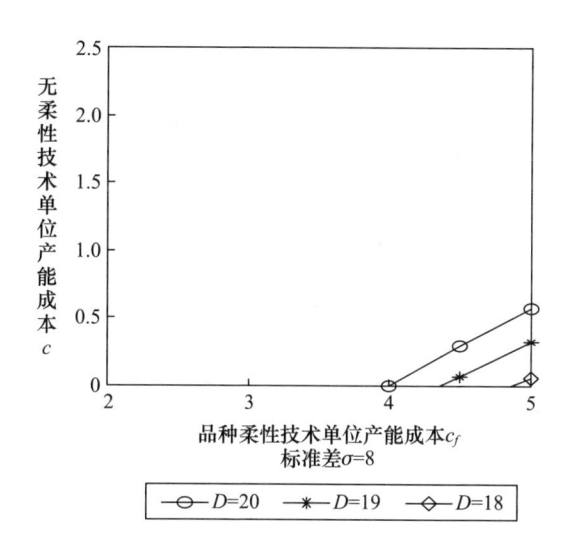

**图 5-7 市场容量的标准差为 8 时，
行业中原有的制造型企业的品种柔性生产技术决策**

上述数值实验对上文的理论分析结果进行了验证，证明了本章理论分析结果的有效性，并对理论分析部分进行了补充说明。研究结果表明，影响制造型创业企业品种柔性生产技术决策的因素主要包括如下几个方面：

一是成本因素。成本因素对制造型创业企业品种柔性技术决策的影响较大。因为随着品种柔性生产技术单位产能成本的增大，制造型创业企业选择品种柔性生产技术的成本边界也随之增大，即选择品种柔性生产技术的概率减小。这是由于制造型创业企业比较关注生存问题，决策目标为生存概率最大化，因此对成本因素较为关注。

二是负债因素。初始负债的大小直接影响制造型创业企业的生存概率，随着初始负债的增大，制造型创业企业选择品种柔性生产技术的概率随之增大。这是由于随着初始负债的增大，制造型创业企业变为风险追求型，更倾向于选择能较好地应对需求不确定性的品种柔性生存技术。

三是随机因素。产品市场容量的方差对行业中原有制造型企业的影响较大，当市场容量的方差较大时，行业中原有制造型企业倾向于选择品种柔性生产技术；而它对制造型创业企业品种柔性技术决策的影响并不明确，还依赖于产品市场容量的分布类型。

五、本章小结

制造型创业企业面临着较大的破产风险，因而其决策目标不同于行业中原有的制造型企业，对于生产线柔性技术的选择以及产能决策也与行业中原有的制造型企业不同。

本章通过建立制造型创业企业品种柔性生产技术的决策模型，重点生产两种产品的制造型创业企业的品种柔性生产技术决策，并探讨了制造型创业企业与行业中原有制造型企业品种柔性技术决策的不同之处。主要贡献及结论如下：首先，得出了选择无柔性技术和品种柔性技术时，创业型企业的最优产能决策及最大生存概率。其次，得出了创业企业选择品种柔性技术与无柔性技术的成本边界，分析了制造型创业企业品种柔性技术决策的影响因素，并将其与行业中原有企业的品种柔性技术决策进行对比。最后通过数值实验进行验证。研究结果表明，相比于行业中原有企业，制造型创业企业更倾向于选择无柔性技术；当品种柔性技术和无柔性技术的单位产能成本相差较大时，创业型企业倾向于选择品种柔性技术；当初始负债较大时，创业型企业成为风险偏好型，更倾向于选择品种柔性技术。

但是本章的研究尚存在以下局限性：只研究了品种柔性生产技术决策，而未考虑创业企业的其他柔性生产技术，如产量柔性技术、原材料投入柔性等。此外，从供应链的角度来讲，只考虑了生产商，而未考虑供应链上游的供应商与下游的零售商，而制造型创业企业的成功不仅依赖于其自身的努力，还与其所处供应链上游供应商和下游零售商的决策相关，因此，未来的研究还可以考虑供应链上其他企业的运营决策。

第六章　竞争环境下制造型创业企业品种柔性技术与产能决策

本章以生产两种产品的制造型创业企业和行业中原有企业为研究对象，考虑二者相互竞争，重点研究竞争环境下，两企业的品种柔性技术选择与产能决策。运用传统博弈论的方法，通过求解不同竞争策略下，制造型创业企业和行业中原有的最优产能、制造型创业企业的最大生存概率和原有企业的最大利润，得出了二者的竞争均衡，分析影响竞争环境下两企业品种生产柔性技术决策的因素，为处于竞争环境中的制造型创业企业决策者提供一定的决策参考。研究结果表明，在与行业中原有制造企业的竞争中，制造型创业企业应该选择无柔性生产技术；当其所生产产品的市场需求波动较大时，行业中原有制造企业应选择品种柔性生产技术，反之应选择无柔性生产技术；当两种产品市场总需求较大时，行业中原有制造企业选择品种柔性生产技术能使其获得更多的收益。

---

* 本章原文已发表在《管理学报》2015 年第 1 期，收入本书中时略有修改。

一、引言

随着经济全球化和经济体制改革的深化，发展创业型经济已经成为改善民生和解决就业问题的重要途径。根据《全球创业观察2011报告》的统计，在GEM（全球创业观察组织）的54个成员国中，我国的早期创业活动指数排名第一，与2010年的第15位相比，实现了大幅提升，这一数据清晰地证明了当前我国创业活动十分活跃。创业企业作为创业型经济的重要组成部分，其运营决策也成为了当前的研究热点（Storey，1993；Nesheim，2000；Thomas et al.，2003；Sobel & Turcic，2007）。相关研究主要包括如下几个方面：

一是以生存概率最大化为决策目标，研究创业企业的运营决策：Archibald等（2002）最早以生存概率最大化为决策目标，研究了创业企业的库存决策问题，认为相比于行业中原有企业，创业企业的零部件采购决策较保守。Swinney等（2011）以生存概率最大化为创业企业的决策目标，研究了创业企业与原有企业竞争中两者的产能投资时间决策，认为当市场需求的不确定性较大时，创业企业会选择早投资，行业中原有企业会选择晚投资。二是以创业企业资金受限为背景，研究创业企业的运营决策。Fehmi等（2012）探讨了负债融资的创业企业的R&D投资决策，研究表明，当创业企业选择保守的投资策略时，其最终产能小于无资金限制时的最优产能；反之，其最终产能大于无资金限制时的最优产能。Srinivasa等（2011）研究了资金受限制的供应链的短期融资问题，该供应链中包含一个制造商和一个零售商，两者都受资金限制，研究结果表明贷款人会同时给予供应商和零售商以资金支持。三是从供应链的角度研究创业型供应商的破产风险对供应链其他参与方的影响。Mike等（2012）研究了当创业

第六章　竞争环境下制造型创业企业品种柔性技术与产能决策

型供应商面临较大的破产风险时，其下游采购方的补贴策略。

　　上述文献从不同角度研究了创业企业的运营决策，但到目前为止，尚未有人研究创业企业的品种柔性技术决策。品种柔性，又称混合柔性，是指生产系统从生产一种产品快速地转换为生产另一种产品的生产技术，能帮助企业应对需求的不确定，提高企业的竞争力。在多品种小批量的情况下，具有重要的现实意义，值得深入分析。当前有关品种柔性技术的研究如下：Gerwin 等（1993）对柔性生产技术进行了综述，指出品种（混合）柔性技术能帮助企业较好应对市场需求的变化。Goyal 等（2007）研究了竞争环境下，行业中原有企业的品种柔性技术决策。Goyal 等（2011）研究了原有企业生产两种产品时，品种柔性技术和产量柔性技术之间的关系。Onur 等（2011）研究了不完全资本市场中，企业的品种柔性技术选择与产能投资决策。Chod 和 Zhou（2012）研究了财务杠杆对企业品种柔性技术决策的影响，认为品种柔性技术的成本较低，且贷款方认为企业会选择品种柔性技术时，会提供更多的贷款。Moreno 和 Terwiesch（2012）通过对美国汽车工业的实证研究，探讨了品种柔性技术和产品价格之间的关系。Oben 等（2012）综合研究了两种产品的动态定价策略和品种柔性技术，认为品种柔性技术能够使两种产品之间的价格差保持稳定。其他文献如 Gao 和 Hitt（2012）与 Parlaktürk（2012）的研究则从产品多样化的角度来研究品种柔性技术的价值。综上所述，当前有关品种柔性技术决策的研究都是以行业中原有企业为研究对象，尚未有人研究创业企业的品种柔性技术决策问题，然而创业企业面临较大的破产风险，更加关注生存问题，决策目标不同于行业中原有企业。因此，本章以生存概率最大化为创业企业的决策目标，重点研究创业企业与行业中原有企业竞争中，二者的品种柔性技术选择与产能决策，不仅能弥补现有研究的不足，还能为创业企业决策者的品种柔性技术决策提供依据。

　　本章与现有研究的区别主要表现在：第一，构建了创业企业与原有企业竞争中，二者的最优产能决策模型，得出了不同竞争策略下，二者的最优产能决策、创业企业的最大生存概率和原有企业的最大利润；第二，在基本模型的基础上探讨了创业企业与原有企业竞争的博弈均衡，得出了二者的均衡柔性技术决策以及各均衡策略下应满足的条件；第三，提出在创业企业与原有企业的竞争中，创业企业应选择无柔性技术，当市场需求波动较大时，行业中原有企业应选择品种柔性技术，反之应选择无柔性技术。

二、问题描述与基本假设

设市场中有一个制造型创业企业（记为s）和一个行业中原有的制造企业（记为e）相互竞争，二者都生产两种可相互替代的产品1和产品2，两种产品的替代率为β，市场容量分别为A_1和A_2，二者都服从分布$F(X)$，均值分别为$D-\mu$和μ，方差都为σ^2，市场容量之和为$A_1+A_2=D$。

为生产这两种产品，制造型创业企业和行业中原有的制造型企业都需要进行柔性生产技术的选择，设两企业可以选择的柔性生产技术有无柔性生产技术d和品种柔性生产技术f两种。

当选择无柔性生产技术时，企业需要投入两条专用的无柔性生产线，来分别生产两种不同的产品，无柔性生产技术的单位产能成本为c，设两种产品的产能分别为K_{1i}和K_{2i}（$i=s, e$），企业最终的产量与产能相等。当选择品种柔性生产技术时，企业只需要投入一条品种柔性生产线来生产两种不同产品，品种柔性生产技术的单位产能成本为$c_f(c_f \geq c)$，总产能为K_{fi}，两种产品的产量分别为q_{1i}和q_{2i}（$q_{1i}+q_{2i}=K_{fi}$）。

两种产品的价格用反需求函数来表示，分别为$p_1=A_1-Q_1-\beta Q_2$、$p_1=A_2-Q_2-\beta Q_1$。其中，Q_1和Q_2分别表示两企业生产的产品1和产品2的产量之和。

制造型创业企业为购置固定资产和进行产品研发负债α，当运营收益能偿还负债时,企业生存,否则破产,制造型创业企业的生存概率为Φ,决策目标为生存概率最大化;行业中原有制造企业的决策目标为利润最大化。设企业的决策包含两个阶段,第一阶段为建设期,需求信息未知,企业进行柔性生产技术的选择与产能决策;第二阶段为生产期,需求信息渐趋明确,企业进行产量决策。具体的决策顺序如图6-1所示。

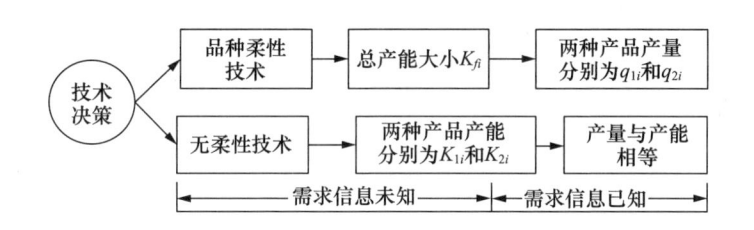

```
技术决策 ──→ 品种柔性技术 ──→ 总产能大小 $K_{fi}$ ──→ 两种产品产量分别为 $q_{1i}$ 和 $q_{2i}$
       ──→ 无柔性技术 ──→ 两种产品产能分别为 $K_{1i}$ 和 $K_{2i}$ ──→ 产量与产能相等
          ←── 需求信息未知 ──→ ←── 需求信息已知 ──→
```

图6-1 企业决策顺序

所研究问题的基本假设有三:一是产品的边际生产成本为零,本章重点研究创业企业与行业中原有的竞争中,二者的品种柔性技术选择及产能决策,相比于边际产能成本,产品的边际生产成本较小,假设产品的边际生产成本为0并不影响结论,为简化研究,相关研究都假设产品的边际生产成本为0,因此本章也采用了相同的假设。二是有关制造型创业企业决策目标的假设,假设制造型创业企业的决策目标为生存概率最大化,这是因为创业企业面临较大的风险,更加关注生存问题,当其收益能够偿还负债时,企业生存,否则就会破产。三是制造型创业型企业和行业中原有的制造型企业之间的博弈为完全信息博弈,即两者对竞争对手的信息都非常了解。

三、基本模型构建

由问题描述可知,创业企业和行业中原有企业之间竞争的策略组合有

4 种：d 表示两企业都选择无柔性技术；f 表示两企业都选择品种柔性技术；df 表示创业企业选择无柔性技术，行业中原有企业选择品种柔性技术；fd 表示创业企业选择品种柔性技术，原有企业选择无柔性技术。下面将分别研究这四种策略组合下，两企业的最优产能决策、创业企业的最大生存概率和行业中原有企业的最大利润。

（一）d 策略组合

当两企业都选择无柔性技术 d 时，两者的最优总产能、创业企业的最大生存概率和行业中原有企业的最大利润如下。

命题 6-1：

在制造型创业企业与行业中原有制造型企业的竞争中，当两企业都选择无柔性生产技术 d 时，制造型创业企业的最优总产能为 $K_{1s}^{d*} + K_{2s}^{d*} = \dfrac{D-2c}{3(1+\beta)}$，行业中原有制造型企业的最优总产能为 $K_{1e}^{d*} + K_{2e}^{d*} = \dfrac{D-2c}{3(1+\beta)}$；制造型创业企业的最大生存概率为 $\Phi_s^{d*} = \overline{F}\left\{\dfrac{D+2\mu}{4} + \dfrac{1}{4}\sqrt{[18(1+\beta)\alpha - (D-2c)^2]\dfrac{1-\beta}{1+\beta}}\right\}$；行业中原有制造企业的最大利润为 $E\prod_e^{d*} = \dfrac{(D-\mu)^2 + \mu^2 - 2\beta\mu(D-\mu) - 2(1-\beta)c^2}{4(1-\beta^2)} + \dfrac{(D-2\mu)}{2}\sqrt{\dfrac{18(1+\beta)\alpha - (D-2c)^2}{36(1-\beta^2)}} + \dfrac{\alpha}{4} - \dfrac{(D-2c)(D+4c)}{12(1+\beta)}$。

证明：

设行业中原有制造型企业和制造型创业企业都选择无柔性生产技术 d 时，企业 i 生产的两种产品的产能分别为 K_{1i}^d 和 K_{2i}^d（$i = e, s$，其中，e 表示行业中原有企业；s 表示创业企业）；两产品的价格分别为 $p_1^d = A_1 - (K_{1e}^d + K_{1s}^d) - \beta(K_{2e}^d + K_{2s}^d)$，$p_2^d = A_2 - (K_{2e}^d + K_{2s}^d) - \beta(K_{1e}^d + K_{1s}^d)$。

首先，求行业中原有制造型企业的最优产能。当选择无柔性生产技术 d 时，行业中原有制造型企业的期望利润为：

$$E\prod_e^d = E[p_1^d K_{1e}^d + p_2^d K_{2e}^d - c(K_{1e}^d + K_{2e}^d)]$$

第六章 竞争环境下制造型创业企业品种柔性技术与产能决策

$$= [D - \mu - (K_{1e}^d + K_{1s}^d) - \beta(K_{2e}^d + K_{2s}^d)]K_{1e}^d +$$
$$[\mu - (K_{2e}^d + K_{2s}^d) - \beta(K_{1e}^d + K_{1s}^d)]K_{2e}^d - c(K_{1e}^d + K_{2e}^d) \quad (6-1)$$

求上述函数的海塞矩阵可证其为凹函数，存在最大值，令 $\dfrac{\partial E\prod_e^d}{\partial K_{1e}^d} = 0$, $\dfrac{\partial E\prod_e^d}{\partial K_{2e}^d} = 0$ 可得，行业中原有制造型企业生产两种产品的最优产能分别为：

$$K_{1e}^{d*} = \frac{D - \mu - \beta\mu - (1-\beta^2)K_{1s}^d - (1-\beta)c}{2(1-\beta^2)}$$
$$K_{2e}^{d*} = \frac{\mu - \beta(D-\mu) - (1-\beta^2)K_{2s}^d - (1-\beta)c}{2(1-\beta^2)} \quad (6-2)$$

两种产品的最优总产能为：

$$K_{1e}^{d*} + K_{2e}^{d*} = \frac{D - 2c}{2(1+\beta)} - \frac{K_{1s}^d + K_{2s}^d}{2} \quad (6-3)$$

其次，求制造型创业企业的最优产能，由问题描述可知，当选择无柔性生产技术时，制造型创业企业的生存概率为：

$$\Phi_s^d = \Pr\{\pi_s^d - c(K_{1s}^d + K_{2s}^d) \geq \alpha\}$$
$$= \Pr\{[A_1 - (K_{1e}^d + K_{1s}^d) - \beta(K_{2e}^d + K_{2s}^d)]K_{1s}^d + [A_2 - (K_{2e}^d + K_{2s}^d) - \beta(K_{1e}^d + K_{1s}^d)]K_{2s}^d - c(K_{1s}^d + K_{2s}^d) \geq \alpha\}$$
$$= \Pr\left\{A_2 \geq \frac{\alpha + c(K_{1s}^d + K_{2s}^d) + [(K_{2e}^d + K_{2s}^d) + \beta(K_{1e}^d + K_{1s}^d)]K_{2s}^d - [D - (K_{1e}^d + K_{1s}^d) - \beta(K_{2e}^d + K_{2s}^d)]K_{1s}^d}{K_{2s}^d - K_{1s}^d}\right\}$$
$$= \overline{F}\left[\frac{\alpha + c(K_{1s}^d + K_{2s}^d) + [(K_{2e}^d + K_{2s}^d) + \beta(K_{1e}^d + K_{1s}^d)]K_{2s}^d - [D - (K_{1e}^d + K_{1s}^d) - \beta(K_{2e}^d + K_{2s}^d)]K_{1s}^d}{K_{2s}^d - K_{1s}^d}\right]$$

$$(6-4)$$

令

$$\Delta_1 = \frac{\alpha + c(K_{1s}^d + K_{2s}^d) + [(K_{2e}^d + K_{2s}^d) + \beta(K_{1e}^d + K_{1s}^d)]K_{2s}^d - [D - (K_{1e}^d + K_{1s}^d) - \beta(K_{2e}^d + K_{2s}^d)]K_{1s}^d}{K_{2s}^d - K_{1s}^d},$$

由式（6-4）可以看出，当 Δ_1 最小时，制造型创业企业的生产概率 Φ_s^d 最大，分别对 Δ_1 求 K_{1s}^d 和 K_{2s}^d 的偏导数，并令偏导数为0，可得：

$$\frac{\partial \Delta_1}{\partial K_{1s}^d} = \frac{\alpha - K_{1s}^{d2} + [2c - D + 2K_{1s}^d + (2\beta+1)K_{2s}^d + (1+\beta)(K_{1e}^d + K_{2e}^d)]K_{2s}^d}{(K_{2s}^d - K_{1s}^d)^2} = 0$$

$$\frac{\partial \Delta_1}{\partial K_{2s}^d} = -\frac{\alpha - K_{2s}^{d2} + [2c - D + 2K_{2s}^d + (2\beta+1)K_{1s}^d + (1+\beta)(K_{1e}^d + K_{2e}^d)]K_{1s}^d}{(K_{2s}^d - K_{1s}^d)^2} = 0$$

$$(6-5)$$

将式（6-3）代入式（6-5）可得 Δ_1 的驻点为 $(K_{1s}^{d*}, K_{2s}^{d*}) = \left[\frac{(D-2c)}{6(1+\beta)} - \sqrt{\frac{18(1+\beta)\alpha - (D-2c)^2}{36(1-\beta^2)}}, \frac{(D-2c)}{6(1+\beta)} + \sqrt{\frac{18(1+\beta)\alpha - (D-2c)^2}{36(1-\beta^2)}}\right]$，

其中 $18(1+\beta)\alpha > (D-2c)^2$。再令

$$A = \frac{\partial^2 \Delta_1}{\partial K_{1s}^{d2}} = \frac{2[2(1+\beta)K_{2s}^{d2} - (D-2c)K_{2s}^d + (1+\beta)(K_{1e}^d + K_{2e}^d)K_{2s}^d + \alpha]}{(K_{2s}^d - K_{1s}^d)^3}$$

$$B = \frac{\partial^2 \Delta_1}{\partial K_{1s}^d K_{2s}^d}$$

$$= \frac{(D-2c)(K_{1s}^d + K_{2s}^d) - (1+\beta)(K_{1e}^d + K_{2e}^d)(K_{1s}^d + K_{2s}^d) - 4(1+\beta)K_{1s}^d K_{2s}^d - 2\alpha}{(K_{2s}^d - K_{1s}^d)^3}$$

$$C = \frac{\partial^2 \Delta_1}{\partial K_{2s}^{d2}} = \frac{2[2(1+\beta)K_{1s}^{d2} - (D-2c)K_{1s}^d + (1+\beta)(K_{1e}^d + K_{2e}^d)K_{1s}^d + \alpha]}{(K_{2s}^d - K_{1s}^d)^3} AC - B^2$$

$$= \frac{8(1+\beta)\alpha - [(D-2c) - (1+\beta)(K_{1e}^d + K_{2e}^d)]^2}{(K_{2s}^d - K_{1s}^d)^4}$$

将驻点代入式（6-5）中可以得到当 $18(1+\beta)\alpha > (D-2c)^2$ 时，$AC - B^2 > 0$ 且 $A > 0$，该驻点是 Δ_1 的极小值点，是 Φ_s^d 的极大值点。制造型创业企业的最优产能分别为：

$$K_{1s}^{d*} = \frac{(D-2c)}{6(1+\beta)} - \sqrt{\frac{18(1+\beta)\alpha - (D-2c)^2}{36(1-\beta^2)}}$$

$$K_{2s}^{d*} = \frac{(D-2c)}{6(1+\beta)} + \sqrt{\frac{18(1+\beta)\alpha - (D-2c)^2}{36(1-\beta^2)}} \quad (6-6)$$

其所生产的两种产品的最优总产能为：

$$K_{1s}^{d*} + K_{2s}^{d*} = \frac{D-2c}{3(1+\beta)} \quad (6-7)$$

第六章　竞争环境下制造型创业企业品种柔性技术与产能决策

联立式（6-2）和式（6-7）可得行业中原有制造型企业生产的两种产品的最优产能分别为：

$$K_{1e}^{d*} = \frac{D - \mu - \beta\mu - (1-\beta)c}{2(1-\beta^2)} - \frac{D-2c}{12(1+\beta)} + \frac{1}{2}\sqrt{\frac{18(1+\beta)\alpha - (D-2c)^2}{36(1-\beta^2)}}$$

$$K_{2e}^{d*} = \frac{\mu - \beta(D-\mu) - (1-\beta)c}{2(1-\beta^2)} - \frac{D-2c}{12(1+\beta)} - \frac{1}{2}\sqrt{\frac{18(1+\beta)\alpha - (D-2c)^2}{36(1-\beta^2)}}$$

$$(6-8)$$

行业中原有制造型企业的最优总产能为：$K_{1e}^{d*} + K_{2e}^{d*} = \frac{D-2c}{3(1+\beta)}$。将式（6-6）和式（6-8）分别代入式（6-1）和式（6-4）中可得：当两企业都选择无柔性生产技术时，制造型创业企业的最大生存概率为：

$$\Phi_s^{d*} = \overline{F}\left\{\frac{D+2\mu}{4} + \frac{1}{4}\sqrt{[18(1+\beta)\alpha - (D-2c)^2]\frac{1-\beta}{1+\beta}}\right\}；$$行业中原有制造型企业的最大利润为：

$$E\prod_e^{d*} = \frac{(D-\mu)^2 + \mu^2 - 2\beta\mu(D-\mu) - 2(1-\beta)c^2}{4(1-\beta^2)} +$$

$$\frac{(D-2\mu)}{2}\sqrt{\frac{18(1+\beta)\alpha - (D-2c)^2}{36(1-\beta^2)}} + \frac{\alpha}{4} - \frac{(D-2c)(D+4c)}{12(1+\beta)}$$

证毕。

命题6-1研究了竞争情况下，当制造型创业企业和行业中原有制造型企业都选择无柔性生产技术时，二者的最优产能决策，得出了两企业都选择无柔性技术时，各自的最优总产能，以及制造型创业企业的最大生存概率和行业中原有制造型企业的最大利润，下面将研究二者都选择产量柔性生产技术时，各种的最优产能决策。

（二）f策略组合

当制造型创业企业和行业中原有制造型企业都选择品种柔性生产技术f时，二者的最优产能，制造型创业企业的最大生存概率以及行业中原有制造型企业的最大利润分别如下。

命题 6-2：

在制造型创业企业与行业中原有制造型企业的竞争中，当两企业都选择品种柔性生产技术时，创业企业和行业中原有企业的最优产能分别为 $K_s^{f*} = \frac{D-2c_f}{3(1+\beta)}$，$K_e^{f*} = \frac{D-2c_f}{3(1+\beta)}$；行业中原有制造型企业的最大利润为 $E\prod_e^{f*} = \frac{D^2+4(\mu^2+\sigma^2)-4D\mu}{18(1-\beta)} + \frac{(D-2c_f)^2}{18(1+\beta)}$；制造型创业企业的最大生存概率为 $\Phi_s^{f*} = \bar{F}\left\{\frac{D}{2} + \frac{\sqrt{[18(1+\beta)\alpha-(D-2c_f)^2]\frac{1-\beta}{1+\beta}}}{2}\right\}$。

证明：

设当行业中原有制造型企业和制造型创业企业都选择品种柔性生产技术时，企业 i 的产能为 K_i^f（$i=e,s$，其中，e 表示行业中原有企业；s 表示创业企业），两种产品的产量分别为 q_{1i}^f 和 q_{2i}^f；两种产品的价格分别为 $p_1 = A_1 - (q_{1e}^f + q_{1s}^f) - \beta(q_{2e}^f + q_{2s}^f)$、$p_2 = A_2 - (q_{2e}^f + q_{2s}^f) - \beta(q_{1e}^f + q_{1s}^f)$。其中，$K_i^f = q_{1i}^f + q_{2i}^f$，企业的决策包含两个阶段，因此这里用逆推法进行求解。

首先，求解第二阶段的最优产能决策。由问题描述可知，制造型创业企业第二阶段的利润为：

$$\pi_s^f = [A_1 - (q_{1e}^f + q_{1s}^f) - \beta(K_e^f - q_{1e}^f + K_s^f - q_{1s}^f)]q_{1s}^f + [A_2 - (K_e^f - q_{1e}^f + K_s^f - q_{1s}^f) - \beta(q_{1e}^f + q_{1s}^f)](K_s^f - q_{1s}^f) \quad (6-9)$$

可证 π_s^f 是 q_{1s}^f 的凹函数，存在最大值，令 $\frac{\partial \pi_s^f}{\partial q_{1s}^f} = 0$ 可得，制造型创业企业生产产品 1 的最优产量为：

$$q_{1s}^{f*} = \frac{A_1 - A_2}{4(1-\beta)} + \frac{K_e^f + 2K_s^f - 2q_{1e}^f}{4} \quad (6-10)$$

同理可得行业中原有制造型企业生产产品 1 的最优产量为：

$$q_{1e}^{f*} = \frac{A_1 - A_2}{4(1-\beta)} + \frac{K_s^f + 2K_e^f - 2q_{1s}^f}{4} \quad (6-11)$$

联立式（6-10）和式（6-11）可得制造型创业企业和行业中原制

造型企业所生产产品 1 的最优产量分别为：

$$q_{1s}^{f*} = \frac{A_1 - A_2}{6(1-\beta)} + \frac{K_s^f}{2}, \quad q_{1e}^{f*} = \frac{A_1 - A_2}{6(1-\beta)} + \frac{K_e^f}{2} \qquad (6-12)$$

将式（6-12）代入式（6-9）可得，制造型创业企业第二阶段的最大利润为：

$$\pi_s^{f*} = \frac{(A_1 - A_2)^2}{18(1-\beta)} + \frac{(A_1 + A_2)K_s^f - (1+\beta)(K_s^f + K_e^f)K_s^f}{2} \qquad (6-13)$$

同理可得，行业中原有制造型企业第二阶段的最大利润为：

$$\pi_e^{f*} = \frac{(A_1 - A_2)^2}{18(1-\beta)} + \frac{(A_1 + A_2)K_e^f - (1+\beta)(K_s^f + K_e^f)K_e^f}{2} \qquad (6-14)$$

其次，求第一阶段的最优决策：设 $A_1 < A_2$，则由问题描述及式（6-13）可知制造型创业企业的生存概率为：

$$\begin{aligned}
\Phi_s^f &= \Pr\{\pi_s^{f*} - c_f K_s^f \geq \alpha\} \\
&= \Pr\left\{\frac{(D - 2A_2)^2}{18(1-\beta)} + \frac{DK_s^f - (1+\beta)(K_s^f + K_e^f)K_s^f}{2} - c_f K_s^f \geq \alpha\right\} \\
&= \Pr\left\{A_2 \geq \frac{D + 3\sqrt{(1-\beta)[2(c_f K_s^f + \alpha) + (1+\beta)(K_s^f + K_e^f)K_s^f - DK_s^f]}}{2}\right\} \\
&= \overline{F}\left\{\frac{D + 3\sqrt{(1-\beta)[2(c_f K_s^f + \alpha) + (1+\beta)(K_s^f + K_e^f)K_s^f - DK_s^f]}}{2}\right\}
\end{aligned}$$

$$(6-15)$$

令 $\Delta_2 = \dfrac{D + 3\sqrt{(1-\beta)[2(c_f K_s^f + \alpha) + (1+\beta)(K_s^f + K_e^f)K_s^f - DK_s^f]}}{2}$，由式

（6-15）及分布函数的性质可知，当 Δ_2 最小时，制造型创业企业的生存概率 Φ_s^f 最大，可证 Δ_2 是 K_s^f 的凸函数，存在最小值，令 $\dfrac{\partial \Delta_2}{\partial K_s^f} = 0$ 可得，制造型创业企业的最优产能决策为：

$$K_s^{f*} = \frac{D - 2c_f}{2(1+\beta)} - \frac{K_e^f}{2} \qquad (6-16)$$

结合式（6-14）可得，行业中原有制造型企业第一阶段的利润为：

$$E\prod_e^f = E[\pi_e^{f*} - c_f K_e^f]$$
$$= E\left[\frac{(D-2A_2)^2}{18(1-\beta)} + \frac{DK_e^f - (1+\beta)(K_s^f + K_e^f)K_e^f}{2} - c_f K_e^f\right]$$
$$= \frac{D^2 + 4(\mu^2 + \sigma^2) - 4D\mu}{18(1-\beta)} + \frac{DK_e^f - (1+\beta)(K_s^f + K_e^f)K_e^f}{2} - c_f K_e^f$$

(6-17)

可证 $E\prod_e^f$ 是 K_e^f 的凹函数，存在最大值，令 $\frac{\partial E\prod_e^f}{\partial K_e^f} = 0$ 可得，行业中原有制造型企业的最优产能决策为：

$$K_e^{f*} = \frac{D - 2c_f}{2(1+\beta)} - \frac{K_s^f}{2} \qquad (6-18)$$

联立式（6-16）和式（6-18）可得创业型制造企业与行业中原有企业的最优产能分别为 $K_s^{f*} = K_e^{f*} = \frac{D - 2c_f}{3(1+\beta)}$，将其分别代入式（6-15）和式（6-17）可得，当两企业都选择品种柔性生产技术时，制造型创业企业的最大生存概率为 $\Phi_s^{f*} = \overline{F}\left[\frac{D}{2} + \frac{\sqrt{[18(1+\beta)\alpha - (D-2c_f)^2]\frac{1-\beta}{1+\beta}}}{2}\right]$；行业中原有制造企业的最大利润为 $E\prod_e^{f*} = \frac{D^2 + 4(\mu^2 + \sigma^2) - 4D\mu}{18(1-\beta)} + \frac{(D-2c_f)^2}{18(1+\beta)}$。

证毕。

命题6-2分析了当制造型创业企业和行业中原有制造型企业都选择品种柔性生产技术时，二者的最优产能决策，得出了两企业都选择品种柔性生产技术时，各自的最优产能、制造型创业企业的最大生存概率和行业中原有企业的最大利润。

（三）df策略组合

当制造型创业企业选择无柔性生产技术d，行业中原有制造企业选择品种柔性生产技术f时，二者的最优产能，制造型创业企业的最大生存概

第六章　竞争环境下制造型创业企业品种柔性技术与产能决策

率以及行业中原有制造型企业的最大利润如下。

命题 6-3：

当制造型创业企业选择无柔性生产技术，行业中原有制造型企业选择品种柔性生产技术时，制造型创业企业的最优总产能为 $K_{1s}^{df*} + K_{2s}^{df*} = \frac{D + 2c_f - 4c}{3(1+\beta)}$，行业中原有制造型企业的最优产能为 $K_e^{df*} = \frac{D - 4c_f + 2c}{3(1+\beta)}$；行业中原有企业的最大利润为：$E\prod_e^{df*} = \frac{(D-2\mu)\sqrt{\frac{18(1+\beta)\alpha - (D+2c_f-4c)^2}{18(1-\beta^2)}}}{2} + \frac{D^2 - 4D\mu + 4\mu^2 + 4\sigma^2}{8(1-\beta)} + \frac{(D+2c-4c_f)^2}{18(1+\beta)} + \frac{\alpha}{2} - \frac{(D+2c_f-4c)^2}{36(1+\beta)}$；制造型创业企业最大生存概率为 $\Phi_s^{df*} = \overline{F}\left\{\frac{1}{3}\sqrt{\frac{2(1-\beta)[18(1+\beta)\alpha - (D+2c_f-4c)^2]}{1+\beta}} + \frac{D}{2}\right\}$。

证明：

由问题描述可知，当制造型创业企业选择无柔性生产技术，行业中原有制造型企业选择品种柔性生产技术时，制造型创业企业生产的两种产品的产能分别为 K_{1s}^{df} 和 K_{2s}^{df}；行业中原有企业的产能为 K_e^{df}，所生产两种产品的产量分别为 q_{1e}^{df} 和 q_{2e}^{df} ($q_{1e}^{df} + q_{2e}^{df} = K_e^{df}$)；两种产品的价格分别为 $p_1 = A_1 - (q_{1e}^{df} + K_{1s}^{df}) - \beta(q_{2e}^{df} + K_{2s}^{df})$、$p_2 = A_2 - (q_{2e}^{df} + K_{2s}^{df}) - \beta(q_{1e}^{df} + K_{1s}^{df})$。行业中原有制造型企业的决策包含两个阶段，用逆推法求解，先求第二阶段的最优解，原有企业第二阶段利润为：

$$\pi_e^{df} = [A_1 - (q_{1e}^{df} + K_{1s}^{df}) - \beta(K_e^{df} - q_{1e}^{df} + K_{2s}^{df})]q_{1e}^{df} + [A_2 - (K_e^{df} - q_{1e}^{df} + K_{2s}^{df}) - \beta(q_{1e}^{df} + K_{1s}^{df})](K_e^{df} - q_{1e}^{df}) \quad (6-19)$$

可证 π_e^{df} 是 q_{1e}^{df} 的凹函数，存在最大值，令 $\frac{\partial \pi_e^{df}}{\partial q_{1e}^{df}} = 0$ 可得，行业中原有制造型企业生产的产品 1 的最优产量为：

$$q_{1e}^{df*} = \frac{A_1 - A_2}{4(1-\beta)} + \frac{2K_e^{df} + K_{2s}^{df} - K_{1s}^{df}}{4} \quad (6-20)$$

再求第一阶段的最优决策：结合式（6-19）和式（6-20）可得，行业中原有制造企业第一阶段的利润为：

$$E\prod_e^{df} = E[\pi_e^{df*} - c_f K_e^{df}] = \frac{D^2 - 4D\mu + 4(\mu^2 + \sigma^2)}{8(1-\beta)} + \frac{DK_e^{df}}{2} - c_f K_e^{df} +$$

$$\frac{(D-2\mu)(K_{2s}^{df} - K_{1s}^{df})}{4} - \frac{(1+\beta)K_e^{df}(K_e^{df} + K_{2s}^{df} + K_{1s}^{df})}{2} +$$

$$\frac{(1-\beta)(K_{2s}^{df} - K_{1s}^{df})^2}{8} \qquad (6-21)$$

可证 $E\prod_e^{df}$ 是 K_e^{df} 的凹函数，存在最大值，令 $\frac{dE\prod_e^{df}}{dK_e^{df}} = 0$ 可得，行业中原有制造型企业的最优产能决策为：

$$K_e^{df*} = \frac{D - 2c_f}{2(1+\beta)} - \frac{K_{1s}^{df} + K_{2s}^{df}}{2} \qquad (6-22)$$

创业企业的决策只包含一个阶段，由问题描述，结合式（6-20）可知制造型创业企业的生存概率为：

$$\Phi_s^{df} = \Pr\{p_1 K_{1s}^{df} + p_2 K_{2s}^{df} - c(K_{1s}^{df} + K_{2s}^{df}) \geq \alpha\}$$

$$= \Pr\left\{A_2 \geq \frac{2\alpha + \left[2c + (1+\beta)K_e^{df} - \frac{D}{2}\right](K_{1s}^{df} + K_{2s}^{df}) + [(1+3\beta)K_{2s}^{df} - D]K_{1s}^{df} + \frac{(3+\beta)(K_{1s}^{df2} + K_{2s}^{df2})}{2}}{K_{2s}^{df} - K_{1s}^{df}}\right\}$$

$$= \overline{F}\left\{\frac{2\alpha + \left[2c + (1+\beta)K_e^{df} - \frac{D}{2}\right](K_{1s}^{df} + K_{2s}^{df}) + [(1+3\beta)K_{2s}^{df} - D]K_{1s}^{df} + \frac{(3+\beta)(K_{1s}^{df2} + K_{2s}^{df2})}{2}}{K_{2s}^{df} - K_{1s}^{df}}\right\}$$

$$(6-23)$$

令

$$\Delta_3 = \frac{2\alpha + \left[2c + (1+\beta)K_e^{df} - \frac{D}{2}\right](K_{1s}^{df} + K_{2s}^{df}) + [(1+3\beta)K_{2s}^{df} - D]K_{1s}^{df} + \frac{(3+\beta)(K_{1s}^{df2} + K_{2s}^{df2})}{2}}{K_{2s}^{df} - K_{1s}^{df}},$$

由式（6-23）可得，当 Δ_3 最小时，制造型创业企业的生存概率 Φ_s^{df} 最大，可以证明当 $18(1+\beta)\alpha > (D-2c)^2$ 时，Δ_3 为凸函数，存在最小值，即 Φ_s^{df} 存在最大值，令 $\frac{\partial \Delta_3}{\partial K_{1s}^{df}} = 0$，$\frac{\partial \Delta_3}{\partial K_{2s}^{df}} = 0$，并联立式（6-22）可得

制造型创业企业所生产两种的最优产能分别为：

$$K_{1s}^{df*} = \frac{D+2c_f-4c}{6(1+\beta)} - \sqrt{\frac{18(1+\beta)\alpha-(D+2c_f-4c)^2}{18(1-\beta^2)}} \qquad (6-24)$$

$$K_{2s}^{df*} = \frac{D+2c_f-4c}{6(1+\beta)} + \sqrt{\frac{18(1+\beta)\alpha-(D+2c_f-4c)^2}{18(1-\beta^2)}} \qquad (6-25)$$

行业中原有企业的最优产能决策为：

$$K_e^{df*} = \frac{D-4c_f+2c}{3(1+\beta)} \qquad (6-26)$$

将式（6-24）至式（6-26）分别代入式（6-21）和式（6-23）中可得：行业中原有企业的最大利润为：

$$E\prod_e^{df*} = \frac{D^2-4D\mu+4\mu^2+4\sigma^2}{8(1-\beta)} + \frac{(D-2\mu)\sqrt{\frac{18(1+\beta)\alpha-(D+2c_f-4c)^2}{18(1-\beta^2)}}}{2} +$$

$$\frac{(D+2c-4c_f)^2}{18(1+\beta)} + \frac{\alpha}{2} - \frac{(D+2c_f-4c)^2}{36(1+\beta)}，制造型创业企业的最大生存概率为$$

$$\Phi_s^{df*} = \overline{F}\left\{\frac{1}{3}\sqrt{\frac{2(1-\beta)[18(1+\beta)\alpha-(D+2c_f-4c)^2]}{1+\beta}} + \frac{D}{2}\right\}$$

证毕。

命题6-3给出了当制造型创业企业选择无柔性技术、行业中原有制造型企业选择品种柔性技术时，各自的最优产能、制造型创业企业的最大生存概率以及行业中原有制造型企业的最大利润，下面将研究制造型创业企业选择品种柔性生产技术，行业中原有企业选择无柔性生产技术时，二者的最优产能决策。

（四）fd 策略组合

当制造型创业企业选择品种柔性生产技术 f，行业中原有制造型企业选择无柔性生产技术 d 时，二者的最优产能、创业企业的最大生存概率以及行业中原有企业的最大利润如下。

命题 6-4：

当制造型创业企业选择品种柔性生产技术，行业中原有制造型企业选择无柔性生产技术时，制造型创业企业的最优产能决策为 $K_s^{fd*} = \dfrac{D - 4c_f + 2c}{3(1+\beta)}$，行业中原有制造型企业的最优总产能为 $K_{1e}^{fd*} + K_{2e}^{fd*} = \dfrac{D - 4c + 2c_f}{3(1+\beta)}$；制造型创业企业的最大生存概率为 $\Phi_s^{fd*} = \overline{F}\left[\dfrac{D+2\mu}{4} + \dfrac{1}{3}\sqrt{[18(1+\beta)\alpha - (D - 4c_f + 2c)^2]\dfrac{1-\beta}{1+\beta}}\right]$；行业中原有制造型企业的最大利润为：$E\prod_e^{fd*} = \dfrac{(17+\beta)D^2}{144(1-\beta^2)} - \dfrac{D\mu - \mu^2}{4(1-\beta)} + \dfrac{2(c_f - 2c)(D + c_f - 2c)}{9(1+\beta)}$。

证明：

由问题描述可知，当制造型创业企业选择品种柔性技术，行业中原有制造型企业选择无柔性生产技术时，行业中原有制造型企业所生产的两种产品的产能分别为 K_{1e}^{fd} 和 K_{2e}^{fd}；制造型创业企业的产能为 K_s^{fd}，所生产两种产品的产量分别为 q_{1s}^{fd} 和 q_{2s}^{fd}（$q_{1s}^{fd} + q_{2s}^{fd} = K_s^{fd}$）；两种产品的价格分别为 $p_1 = A_1 - (q_{1s}^{fd} + K_{1e}^{fd}) - \beta(q_{2s}^{fd} + K_{2e}^{fd})$、$p_2 = A_2 - (q_{2s}^{fd} + K_{2e}^{fd}) - \beta(q_{1s}^{fd} + K_{1e}^{fd})$。制造型创业企业的决策包含两个阶段，这里用逆推法进行求解，先求第二阶段的最优决策，其第二阶段的利润为：

$$\pi_s^{fd} = [A_1 - (q_{1s}^{fd} + K_{1e}^{fd}) - \beta(K_s^{fd} - q_{1s}^{fd} + K_{2e}^{fd})] q_{1s}^{fd} + [A_2 - (K_s^{fd} - q_{1s}^{fd} + K_{2e}^{fd}) - \beta(q_{1s}^{fd} + K_{1e}^{fd})](K_s^{fd} - q_{1s}^{fd}) \quad (6-27)$$

可证 π_s^{fd} 是 q_{1s}^{fd} 的凹函数，存在最大值，令 $\dfrac{d\pi_s^{fd}}{dq_{1s}^{fd}} = 0$ 可得，制造型创业企业生产的产品 1 的最优产量为：

$$q_{1s}^{fd*} = \dfrac{A_1 - A_2}{4(1-\beta)} + \dfrac{2K_s^{fd} + K_{2e}^{fd} - K_{1e}^{fd}}{4} \quad (6-28)$$

再求第一阶段的最优决策：设 $A_1 < A_2$，结合式（6-27）和式（6-28）可得，制造型创业企业的生存概率为：

第六章 竞争环境下制造型创业企业品种柔性技术与产能决策

$$\begin{aligned}\Phi_s^{fd} &= \Pr\{\pi_s^{fd*} - c_f K_s^{fd} \geq \alpha\} \\ &= \Pr\left\{\begin{array}{l}\dfrac{(D-2A_2)^2}{8(1-\beta)} + \dfrac{DK_s^{fd}}{2} + \dfrac{(D-2A_2)(K_{2e}^{fd}-K_{1e}^{fd})}{4} - c_f K_s^{fd} \\ -\dfrac{(1+\beta)K_s^{fd}(K_s^{fd}+K_{2e}^{fd}+K_{1e}^{fd})}{2} + \dfrac{(1-\beta)(K_{2e}^{fd}-K_{1e}^{fd})^2}{8} \geq \alpha\end{array}\right\} \\ &= \Pr\left\{A_2 \geq \dfrac{D+(1-\beta)(K_{2e}^{fd}-K_{1e}^{fd})}{2} + \sqrt{(1-\beta)[2\alpha+(2c_f-D)K_s^{fd}] + (1-\beta^2)K_s^{fd}(K_s^{fd}+K_{2e}^{fd}+K_{1e}^{fd})}\right\} \\ &= \overline{F}\left\{\dfrac{D+(1-\beta)(K_{2e}^{fd}-K_{1e}^{fd})}{2} + \sqrt{(1-\beta)[2\alpha+(2c_f-D)K_s^{fd}] + (1-\beta^2)K_s^{fd}(K_s^{fd}+K_{2e}^{fd}+K_{1e}^{fd})}\right\}\end{aligned}$$

（6-29）

令

$$\Delta_4 = \dfrac{D+(1-\beta)(K_{2e}^{fd}-K_{1e}^{fd})}{2} + \sqrt{(1-\beta)[2\alpha+(2c_f-D)K_s^{fd}] + (1-\beta^2)K_s^{fd}(K_s^{fd}+K_{2e}^{fd}+K_{1e}^{fd})},$$

由式（6-29）及分布函数的性质可知，当 Δ_4 最小时，制造型创业企业的生存概率 Φ_s^{fd} 最大，可证 Δ_4 是凸函数，存在最小值，令 $\dfrac{\partial \Delta_4}{\partial K_s^{fd}} = 0$，可得制造型创业企业的最优产能决策为：

$$K_s^{fd*} = \dfrac{D-2c_f}{2(1+\beta)} - \dfrac{K_{2e}^{fd}+K_{1e}^{fd}}{2} \tag{6-30}$$

行业中原有制造型企业的决策只包含一个阶段，联立式（6-28）可得其期望利润为：

$$\begin{aligned}E\prod_e^{fd} &= E[p_1^{fd}K_{1e}^{fd} + p_2^{fd}K_{2e}^{fd} - c(K_{1e}^{fd}+K_{2e}^{fd})] \\ &= \dfrac{(3D-2\mu)K_{1e}^{fd}+(D+2\mu)K_{2e}^{fd}}{4} - \dfrac{(1+\beta)K_s^{fd}(K_{1e}^{fd}+K_{2e}^{fd})}{2} - \\ &\quad \dfrac{2(1+3\beta)K_{2e}^{fd}K_{1e}^{fd}+(3+\beta)[(K_{1e}^{fd})^2+(K_{2e}^{fd})^2]}{4} - c(K_{1e}^{fd}+K_{2e}^{fd})\end{aligned}$$

（6-31）

求上述函数的海塞矩阵可证其为凹函数，存在最大值，分别对 $E\prod_e^{fd}$ 求 K_{1e}^{fd} 和 K_{2e}^{fd} 的偏导，并令其为零可得，令 $\dfrac{\partial E\prod_e^{fd}}{\partial K_{1e}^{fd}} = 0, \dfrac{\partial E\prod_e^{fd}}{\partial K_{2e}^{fd}} = 0$ 可得，

行业中原有制造型企业生产的两种产品的最优产能分别为：

$$K_{1e}^{fd*} = \frac{2D - 2(1+\beta)\mu - (1-\beta^2)K_s^{fd} - 2(1-\beta)c}{4(1-\beta^2)}$$

$$K_{2e}^{fd*} = \frac{2(1+\beta)\mu - 2\beta D - (1-\beta^2)K_s^{fd} - 2(1-\beta)c}{4(1-\beta^2)} \quad (6-32)$$

联立式（6-30）和式（6-32）可得制造型创业企业的最优产能决策为：

$$K_s^{fd*} = \frac{D - 4c_f + 2c}{3(1+\beta)} \quad (6-33)$$

行业中原有制造型企业所生产的两种产品的最优产能分别为：

$$K_{1e}^{fd*} = \frac{D - (1+\beta)\mu - (1-\beta)c}{2(1-\beta^2)} - \frac{D - 4c_f + 2c}{12(1+\beta)}$$

$$K_{2e}^{fd*} = \frac{(1+\beta)\mu - \beta D - (1-\beta)c}{2(1-\beta^2)} - \frac{D - 4c_f + 2c}{12(1+\beta)} \quad (6-34)$$

将式(6-33)和式(6-34)代入式(6-29)和式(6-31)中可得,制造型创业企业的最大生存概率为 $\Phi_s^{fd*} = \bar{F}\left\{\frac{D+2\mu}{4} + \frac{1}{3}\sqrt{[18(1+\beta)\alpha - (D-4c_f+2c)^2]\frac{1-\beta}{1+\beta}}\right\}$；行业中原有制造型企业的最大期望利润为 $E\prod_e^{fd*} = \frac{(17+\beta)D^2}{144(1-\beta^2)} - \frac{D\mu - \mu^2}{4(1-\beta)} + \frac{2(c_f - 2c)(D + c_f - 2c)}{9(1+\beta)}$。

证毕。

命题 6-4 研究了制造型创业企业和行业中原有制造型企业之间的竞争，给出了制造型创业企业选择品种柔性生产技术、行业中原有制造型企业选择无柔性技术时，各自的最优产能、制造型创业企业的最大生存概率以及行业中原有制造型企业的最大利润。

四、创业企业与行业中原有企业竞争的均衡分析

通过前文的分析,我们得出了制造型创业企业与行业中原有制造型企业的竞争中,两企业选择不同的竞争策略时的最优产能决策,制造型创业企业的最大生存概率和行业中原有制造型企业的最大利润。这一节,我们将在上述分析的基础上,进一步研究制造型创业企业与行业中原有制造型企业的竞争中,二者的反应函数以及可能出现的竞争均衡。制造型创业企业与行业中原有企业竞争的均衡策略选择如图6-2所示。

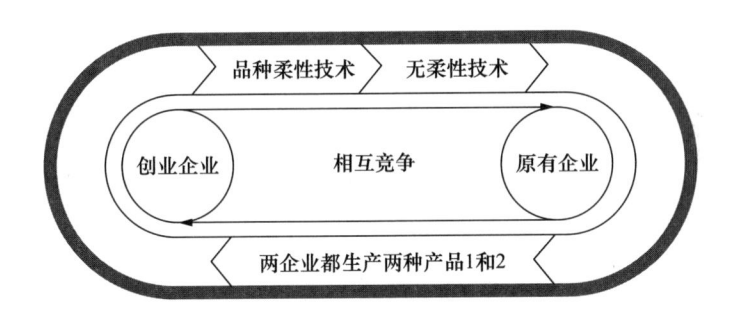

图6-2 制造型创业企业与行业中原有企业竞争的品种柔性生产技术博弈

在竞争情况下,制造型创业企业和行业中原有制造型企业品种柔性技术决策的反应函数如定理6-1所示。

定理6-1:

令

$$S_1 = \frac{(D-2\mu)^2}{32} + \frac{2(1-\beta)(D-2c)(c_f-c)}{1+\beta}$$

$$S_2 = (1-\beta)\left\{\begin{array}{l}\dfrac{(D-2c)^2+8(c_f-c)(5D-3c-7c_f)}{36(1+\beta)}-\dfrac{\alpha}{2}+(D-2\mu)\\ \left[\sqrt{\dfrac{18(1+\beta)\alpha-(D-2c)^2}{36(1-\beta^2)}}-\sqrt{\dfrac{18(1+\beta)\alpha-(D+2c_f-4c)^2}{18(1-\beta^2)}}\right]\end{array}\right\}$$

（1）当行业中原有制造型企业选择品种柔性生产技术 f 时，制造型创业企业总会选择无柔性生产技术 d。

（2）当行业中原有制造型企业选择无柔性生产技术 d 时，制造型创业企业总会选择无柔性生产技术 d。

（3）当制造型创业企业选择品种柔性生产技术 f 时，若 $\sigma^2 > S_1$，行业中原有制造型企业会选择品种柔性生产技术 f，反之会选择无柔性生产技术 d。

（4）当制造型创业企业选择无柔性生产技术 d 时，若 $\sigma^2 > S_2$，行业中原有制造型企业会选择品种柔性生产技术 f，反之会选择无柔性生产技术 d。

证明：

（1）当行业中原有制造型企业选择品种柔性生产技术 f 时，若 $\Phi_s^{df*} > \Phi_s^{f*}$，制造型创业企业会选择品种柔性生产技术，反之会选择无柔性生产技术。由命题6-2和命题6-3中 Φ_s^{df*} 和 Φ_s^{f*} 的解析式可知 $\Phi_s^{df*} > \Phi_s^{f*}$ 恒成立。故当行业中原有制造型企业选择品种柔性生产技术 f 时，制造型创业企业总会选择无柔性生产技术 d。

（2）当行业中原有制造型企业选择无柔性生产技术 d 时，若 $\Phi_s^{d*} > \Phi_s^{fd*}$，制造型创业企业会选择无柔性生产技术，反之会选择品种柔性生产技术。由命题6-1和命题6-4中 Φ_s^{d*} 和 Φ_s^{fd*} 的解析式可知 $\Phi_s^{d*} > \Phi_s^{fd*}$ 恒成立。因此，当行业中原有制造型企业选择无柔性生产技术 d 时，制造型创业企业也会选择无柔性生产技术 d。

（3）当制造型创业企业选择品种柔性生产技术 f 时，若 $E\prod_e^{f*} > E\prod_e^{fd*}$，行业中原有制造型企业会选择品种柔性生产技术，反之会选择无柔性生产技术。由命题6-2和命题6-4中 $E\prod_e^{f*}$ 和 $E\prod_e^{fd*}$ 的解析式可知：当 $\sigma^2 > S_1$ 时，$E\prod_e^{f*} > E\prod_e^{fd*}$，行业中原有制造型企业会选择品种柔性生产

第六章 竞争环境下制造型创业企业品种柔性技术与产能决策

技术,反之会选择无柔性生产技术。

（4）当制造型创业企业选择无柔性生产技术 d 时,若 $E\prod_e^{df*} > E\prod_e^{d*}$,行业中原有制造型企业会选择品种柔性生产技术,反之会选择无柔性生产技术。由命题6－1和命题6－3中 $E\prod_e^{df*}$ 和 $E\prod_e^{d*}$ 的解析式可知:当 $\sigma^2 > S_2$ 时, $E\prod_e^{df*} > E\prod_e^{d*}$,行业中原有制造型企业会选择品种柔性生产技术,反之会选择无柔性生产技术。

证毕。

定理6－1以命题6－1至命题6－4为基础,探讨了竞争情况下,制造型创业企业和行业中原有制造型企业的反应函数,给出了竞争情况下,当一个企业选择特定的柔性技术时,另一个企业的反应函数,为制造型创业企业和行业中原有制造型企业之间竞争均衡的研究奠定了基础。

下面我们将在上述研究的基础上,探讨制造型创业企业与行业中原有制造型企业的竞争可能出现的竞争均衡策略,及各均衡策略应满足的条件。

定理6－2：

在制造型创业企业与行业中原有制造企业的竞争中,当 $\sigma^2 < S_2$ 时, d 策略为二者的竞争均衡策略,即两企业都选择无柔性技术;当 $\sigma^2 > S_2$ 时, df 策略为二者的竞争均衡策略,即制造型创业企业选择无柔性技术,而行业中原有制造型企业选择品种柔性技术。

证明：

由命题6-1至命题6-4可得在4种策略组合下,制造型创业企业和行业中原有制造型企业选择不同柔性技术时,二者的得益矩阵如表6-1所示。

表6－1 四种策略组合下两企业的得益

	行业中原有制造型企业选择策略 d	行业中原有制造型企业选择策略 f
制造型创业企业选择策略 d	$[\Phi_s^{d*}, E\prod_e^{d*}]$	$[\Phi_s^{df*}, E\prod_e^{df*}]$
制造型创业企业选择策略 f	$[\Phi_s^{fd*}, E\prod_e^{fd*}]$	$[\Phi_s^{f*}, E\prod_e^{f*}]$

由纳什均衡的相关知识可知：

（1）当 $E\prod_e^{d*} \geq E\prod_e^{df*}$ 且 $\Phi_s^{d*} \geq \Phi_s^{fd*}$ 时，两企业都不会偏离 d 均衡，由定理 6-1 中两企业的反应函数可得 $\Phi_s^{d*} \geq \Phi_s^{fd*}$ 恒成立，只有当 $\sigma^2 < S_2$ 时，$E\prod_e^{d*} \geq E\prod_e^{df*}$，$d$ 策略是均衡策略。又因为 $\Phi_s^{d*} \geq \Phi_s^{fd*}$ 恒成立，故制造型创业企业和行业中原有制造型企业的竞争中不可能出现 fd 均衡。

（2）当 $E\prod_e^{df*} \geq E\prod_e^{d*}$ 且 $\Phi_s^{df*} > \Phi_s^{f*}$ 时，两企业都不会偏离 df 均衡，由定理 6-1 中两企业的反应函数可得 $\Phi_s^{df*} > \Phi_s^{f*}$ 恒成立，只有当 $\sigma^2 > S_2$ 时，有 $E\prod_e^{df*} \geq E\prod_e^{d*}$，$df$ 策略是均衡策略。又因为 $\Phi_s^{df*} > \Phi_s^{f*}$ 恒成立，故制造型创业企业和行业中原有制造型企业的竞争中不可能出现 f 均衡。

证毕。

定理 6-2 给出了在创业企业与行业中原有企业的竞争中，可能出现的纯策略纳什均衡及各均衡策略应该满足的条件。由定理 6-2 中各均衡策略应满足的条件可以看出：

首先，在制造型创业企业与行业中原有制造型企业的竞争中，可能出现的纯策略纳什均衡只有 d 均衡和 df 均衡两种。有关文献的研究表明在两个行业中原有制造型企业的竞争中，四种纯策略纳什均衡都有可能出现，而本章的研究结果则不同，这说明竞争环境下，制造型创业企业的品种柔性生产技术决策不同于行业中原有制造型企业。

其次，在制造型创业企业与行业中原有制造型企业的竞争中，当市场需求的波动较大时，可能出现的竞争均衡策略为 df 策略，即制造型创业企业选择无柔性生产技术，行业中原有制造型企业选择品种柔性生产技术。当市场需求波动较小时，可能出现的均衡策略为 d 策略，即两者都选择无柔性生产技术。

此外，由于两种均衡策略的边界条件比较抽象复杂，因此，有必要通过数值实验来具体验证上述均衡策略的边界条件，以确定影响行业中原有企业品种柔性生产技术决策的因素。

第六章 竞争环境下制造型创业企业品种柔性技术与产能决策

五、数值实验

由于竞争情况下,制造型创业企业和行业中原有制造型企业的均衡策略的边界比较抽象复杂,因此下面用几组数值实验进行验证,以使研究结果更加形象直观。设两种产品替代率 $\beta=0.2:0.5:0.8$,产品 2 市场容量的均值 $\mu=15$,无柔性生产技术的单位产能成本为 $c=1$,品种柔性生产技术的单位产能成本为 $c_f=1:0.1:2$。

由定理 6-2 可知,在制造型创业企业与行业中原有制造企业的竞争中,当 $\sigma^2<S_2$ 时,d 策略为二者的竞争均衡策略,即两企业都会选择无柔性生产技术;当 $\sigma^2>S_2$ 时,df 策略为二者的竞争均衡策略,即创业企业选择无柔性生产技术,行业中原有企业选择品种柔性生产技术。

将上述参数代入定理 6-1 中 S_2 的表达式中,可得当市场总容量 $D=20$,制造型创业企业的负债为 $\alpha=20,21,22$ 时,边界 S_2 如图 6-3 至图 6-5 所示;当制造型创业企业的负债 $\alpha=20$,市场总容量为 $D=18,19,20$ 时,边界 S_2 如图 6-6 至图 6-8 所示。

图 6-3 至图 6-5 描述了两种产品的替代率 β 和制造型创业企业的负债 α 不同时,制造型创业企业与行业中原有制造企业竞争的均衡柔性生产技术决策,由此可以看出:

首先,随着品种柔性生产技术单位产能成本 c_f 的增大,两企业的竞争中出现 d 均衡的概率增大,出现 df 均衡的概率减小,这是因为当品种柔性生产技术的单位产能成本 c_f 较大时,行业中原有制造型企业更倾向于选择成本较小的无柔性生产技术。

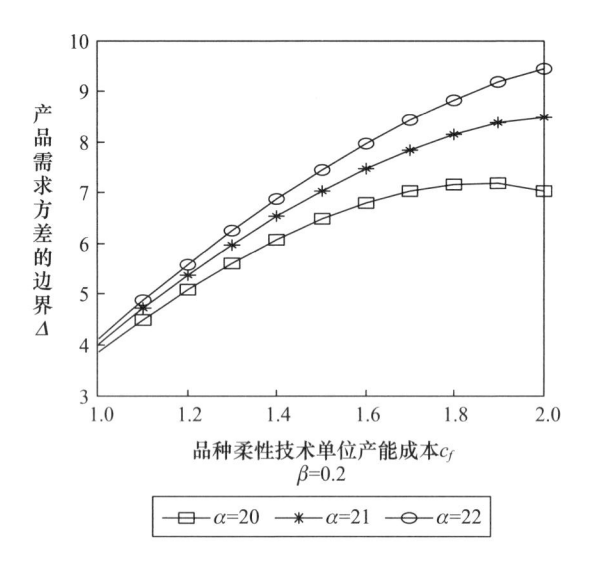

图 6-3 两种产品的替代率为 0.2 时，不同的负债下两企业的竞争均衡边界 S_2

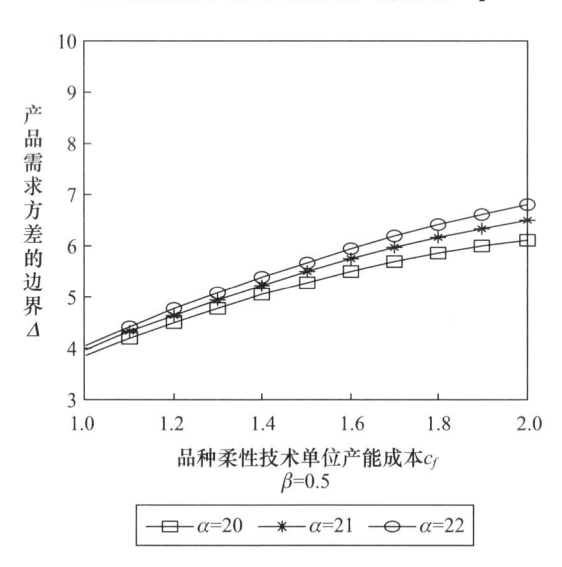

图 6-4 两种产品的替代率为 0.5 时，不同的负债下两企业的竞争均衡边界 S_2

第六章 竞争环境下制造型创业企业品种柔性技术与产能决策

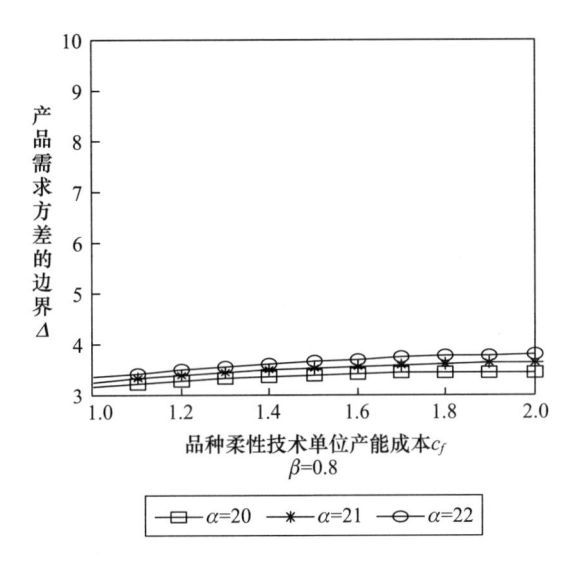

图 6-5 两种产品的替代率为 0.8 时，
不同的负债下两企业的竞争均衡边界 S_2

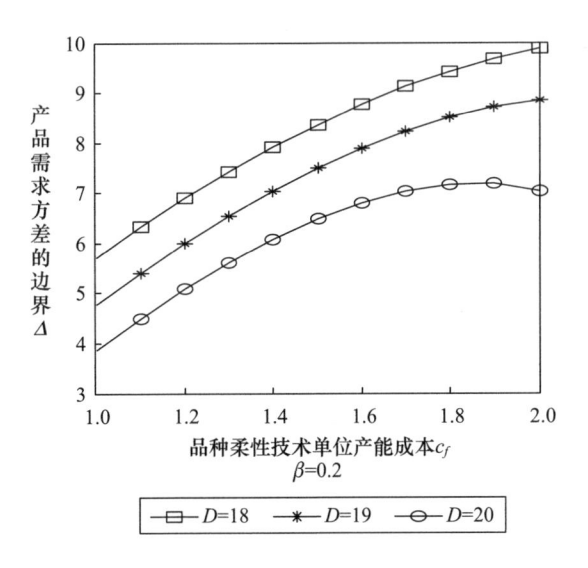

图 6-6 两种产品的替代率为 0.2 时，
不同的市场容量下两企业的竞争均衡边界 S_2

113

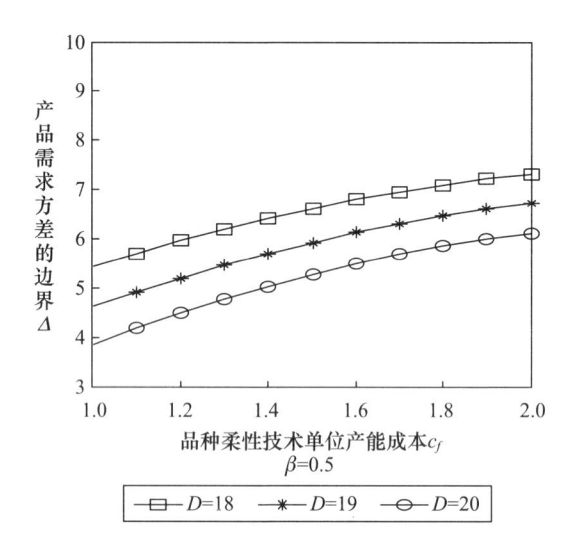

图 6-7　两种产品的替代率为 0.5 时，
不同的市场容量下两企业的竞争均衡边界 S_2

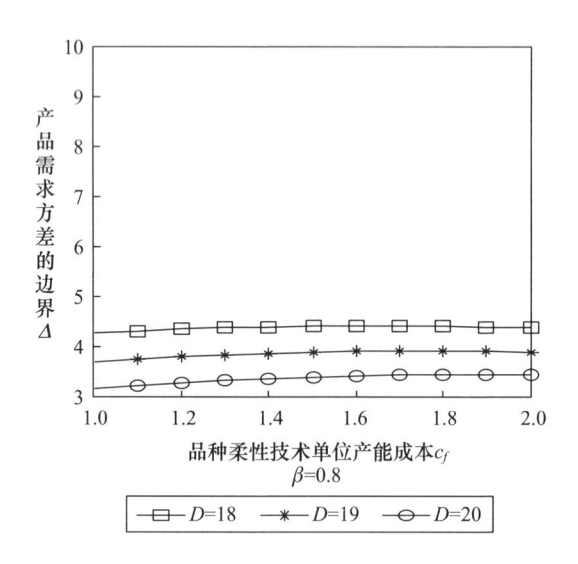

图 6-8　两种产品的替代率为 0.8 时，
不同的市场容量下两企业的竞争均衡边界 S_2

其次，随着制造型创业企业的负债 α 的增大，两企业的竞争中出现 d 均衡的概率增大，出现 df 均衡的概率减小，这说明制造型创业企业的负债会影响行业中原有制造型企业的柔性生产技术决策，当负债 α 较大时，行业中原有制造型企业选择无柔性生产技术的概率增大。

最后，随着产品替代率 β 的增大，行业中原有制造型企业选择品种柔性生产技术的概率增大。

图 6-6 至图 6-8 描述了两种产品的替代率 β 和市场需求总容量不同的情况下，制造型创业企业与行业中原有制造型企业竞争的最终均衡，由此可以看出：随着市场总需求 D 的增大，制造型创业企业与行业中原有制造型企业的竞争中出现 d 均衡的概率减小，出现 df 均衡的概率增大。这是因为当市场总需求较大时，行业中原有制造型企业选择品种柔性生产技术能够增加其市场占有率，从而增加其利润。

六、本章小结

制造型创业企业更加关注生存问题，决策目标不同于行业中原有制造型企业，本章以生存概率最大化为制造型创业企业的决策目标，研究了制造型创业企业与行业中原有制造型企业竞争情况下，二者的品种柔性生产技术选择与产能决策问题，能够为处于竞争中的制造型创业企业决策者提供一定的参考，得出的结论主要如下：

第一，在与行业中原有制造企业的竞争中，生产两种产品的制造型创业企业在进行柔性生产技术决策时，应选择无柔性生产技术，以增大自身的生存概率。

第二，在与制造型创业企业的竞争中，行业中原有制造型企业是否选择品种柔性生产技术与两种产品市场容量的波动相关，当两种产品市场容量的波动较大时，应选择品种柔性生产技术，反之应选择无柔性生产技术。

第三，当品种柔性生产技术单位产能成本较大时，行业中原有制造型企业更倾向于选择无柔性生产技术，当两种产品的市场总容量较大时，行业中原有制造型企业选择品种柔性生产技术能使其获得更大的收益。

本章的研究还有很多不足之处，本章假设创业企业与行业中原有企业之间的博弈是完全信息的，未来的研究可以考虑二者对竞争对手的信息并不完全了解，使研究更接近现实。另外，本章只研究了制造型创业企业与行业中原有制造型企业竞争中的品种柔性生产技术决策，未来研究可以考虑其他柔性技术，如工艺柔性和劳动力柔性等。

第七章　制造型创业企业产量柔性与品种柔性技术的关系研究

柔性生产技术包括很多种，如何选择适合自身发展的柔性生产技术是制造型创业企业需要考虑的关键问题。本章考虑制造型创业企业生产两种可相互替代的产品，在进行生产技术选择时可以选择产量品种柔性生产技术、产量柔性生产技术和品种柔性生产技术三种，重点研究制造型创业企业产量柔性生产技术和品种柔性生产技术之间的关系。通过分别构建三种不同的柔性生产技术下制造型创业企业的产能决策模型，得出不同的技术下制造型创业企业的最优产能及最大生存概率，从而探讨创业企业选择不同柔性技术的条件，并进一步分析产量柔性技术和品种柔性技术之间的关系。研究结果表明：随着产品替代率的增大，制造型创业企业选择品种柔性生产技术的概率减小，选择产量品种柔性生产技术的概率增大，即当两种产品的替代率较大时，在品种柔性技术的基础上增加产量柔性技术能够增大创业企业的生存概率，而在产量柔性技术的基础上增加品种柔性技术却未必有益；当两种产品的替代率不变时，若初始负债较大，创业企业更倾向于选择产量柔性技术，以更好地应对市场需求的不确定；随着市场容量的增大，制造型创业企业选择品种柔性生产技术和产量柔性生产技术的概率增大，选择产量品种柔性生产技术的概率减小。

一、引言

当前我国的创业活动十分活跃，2013年1月8日在清华大学举办的"中国创业十年变迁主题研讨会"发布了全球创业观察中国报告，该报告显示，在参与全球创业观察的60多个国家和地区中，中国的创业排名已从2002年的第11名提升到第2名。创业企业作为创业活动的主体，其运营决策也受到了研究人员的广泛关注。由于相比于行业中已经具备一定规模的成熟企业，创业企业往往需要应对更多的生存挑战和市场不确定性，因此，创业企业的决策者在做运营决策时，也应该考虑其自身的特点，先保证生存再考虑发展（Anderson & Parker，2013）。

对于制造型创业企业而言，柔性生产技术的选择与产能决策是其需要做出的重要运营决策。在众多可以选择的柔性生产技术中，产量柔性技术和品种柔性技术是较常见的两种柔性技术。其中，产量柔性技术是指生产系统快速增加或减少所生产产品产量，但依然能获利的能力（Devaraj et al.，2012）；品种柔性技术是指生产系统从生产一种产品快速转换为生产另一种产品的能力。它们能够帮助创业企业较好地应对市场需求的不确定性，研究如何选择适合创业企业自身发展的柔性生产技术，能够为创业企业决策者提供一定的决策参考，具有重要的现实意义。

当前有关产量柔性技术和品种柔性技术的研究成果已经较为丰富。Goyal和Netessine（2011）研究了生产两种产品的行业中原有企业的产量柔性技术与品种柔性技术决策问题，结果表明在品种柔性技术的基础上增加产量柔性技术能够增加企业的绩效，但是在产量柔性技术的基础上增加品种柔性技术对企业是不利的。Guneri等（2009）研究了在JIT环境中，如何利用柔性看板技术来提高企业的产量柔性水平，研究结果表明当需求

第七章　制造型创业企业产量柔性与品种柔性技术的关系研究

波动较大时，柔性看板技术能够减少库存成本。Devaraj 等（2012）研究了采购产量柔性和品种柔性对企业电子采购绩效的影响，研究结果表明在线交易的频率能够调和供应商定制对采购产量柔性和品种柔性的影响，供应商信任能够调和信息共享对采购产量柔性和品种柔性的影响。Walter 等（2011）通过实验设计的方法研究了不同产量柔性工具的经济效益，得出了几种不同柔性技术工具组合的价值。这些文献从不同角度研究了产量柔性技术和品种柔性技术之间的关系，但其研究对象都是行业中原有企业，尚未有人研究创业企业的产量柔性和品种柔性技术决策。而创业企业的第一目标是生存，决策目标不同于行业中原有企业，因而其产量柔性技术和品种柔性技术决策也与行业中原有企业不同，因此本章将在前人研究的基础上，重点研究生产两种产品的创业企业如何进行产量柔性技术和品种柔性技术的决策。

创业企业与行业中原有企业有许多不同之处，但本章重点研究决策目标的不同对创业企业运营决策的影响，由于创业企业应该先考虑生产再考虑发展，因此本章假设创业企业的决策目标为生存概率最大化。此外，本章还与其他有关创业企业运营决策的研究相关，如 Phan 和 Chambeis（2012）探讨了有关运作管理的研究在形成新的创业理论过程以及创业价值链中的作用，提出了运作管理研究中一些方法也可以用于创业理论的研究。Azadegan 等（2013）研究了运作剩余对创业企业生产的影响，结果表明在环境不确定性较大的情况下，运作剩余能够降低创业企业失败的概率。这些文献都从不同的角度研究了创业企业的运营决策，但尚未有人研究创业企业的产量柔性技术与品种柔性技术决策。

由以上文献可以看出，当前有关产量柔性技术和品种柔性技术决策的研究都是以行业中原有企业为研究对象，目前为止，尚未有人研究过创业企业的产量柔性技术与品种柔性技术决策。本章将以创业企业为研究对象，研究当可以选择的柔性技术有产量柔性技术、品种柔性技术和产量品种柔性技术时，创业企业选择不同的柔性技术决策时的最优产能决策及最大生存概率；进而研究创业企业选择不同柔性技术决策的条件，并用数值实验验证理论研究结果；最后提出当可选技术有三种时，创业企业应该如何进行柔性技术决策。

二、问题提出与基本模型

（一）问题提出与基本假设

由于在制造业中，企业的生产设备及产能投资早于产品的生产，因此，制造企业在进行产品的生产时，市场需求往往与企业已有的产能不符，导致企业的生产能力与市场需求不匹配，存在产能不足或产能过剩的情况，给企业造成较大的利润损失。而柔性生产技术能够帮助制造型企业根据需求信息及时调整产量，因此深受制造企业决策者的重视。但选择柔性生产技术也需要付出更多的成本。因此，制造型企业需要在柔性生产技术所带来的收益和需要付出的成本之间进行权衡。

考虑市场中的制造型创业企业生产两种产品 1 和 2，两种产品可以互相替代，产品替代率为 β，两种产品的市场需求不确定。为开办企业，进行研发等初期投资，创业企业负债 α。当两种产品的利润能够偿还负债时，创业企业能够生存，否则就会破产，创业企业的决策目标为生存概率最大化。

为生产这两种产品，创业企业需要进行生产技术的选择、产能决策和产量决策，假设创业企业的决策包含两个阶段。第一阶段为建设期，创业企业需要进行生产技术的选择和产能决策，假设创业企业可以选择的生产技术有产量柔性生产技术 V、品种柔性技术 P 和产量品种柔性技术 VP 三种；第二阶段为生产期，创业企业需要根据市场需求信息确定两种产品的产量。

第七章 制造型创业企业产量柔性与品种柔性技术的关系研究

当选择产量柔性生产技术 V 时,制造型创业企业需要投资两条生产线,分别生产两种产品,在生产期可以根据确切的市场需求信息调整两种产品的产量;当选择品种柔性生产技术 P 时,制造型创业企业只需要投资一条品种柔性技术生产线来生产两种产品;当选择产量品种柔性生产技术 VP 时,制造型创业企业需要投资一条生产线来生产两种产品,并且在生产期可以根据确切的市场需求信息调整两种产品的产量。具体的事件发生顺序如图 7-1 所示。

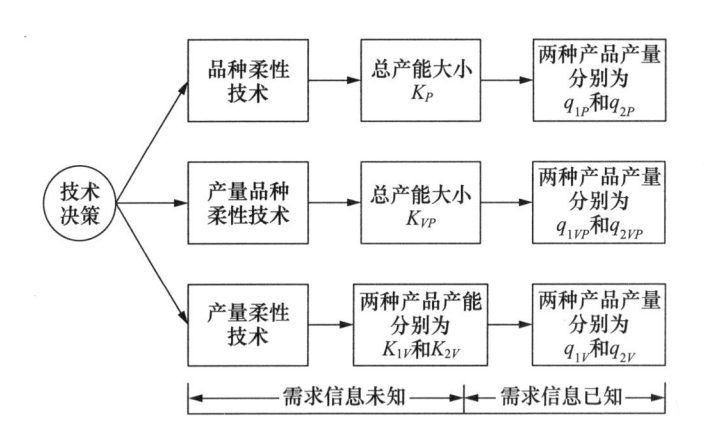

图 7-1 事件发生顺序

本章所用到的符号如下:

A_1:产品 1 的市场容量,即需求截距。

A_2:产品 2 的市场容量,即需求截距。

$D = A_1 + A_2$:产品 1 和产品 2 的总市场容量。

α:创业企业的初始负债。

K_{VP}:选择产量品种柔性生产技术 VP 时,制造型创业企业的产能决策。

q_{1VP}:选择产量品种柔性生产技术 VP 时,制造型创业企业产品 1 的产量。

q_{2VP}：选择产量品种柔性生产技术 VP 时，制造型创业企业产品 2 的产量。

Φ_{VP}：选择产量品种柔性生产技术 VP 时，制造型创业企业的生存概率。

c_{VP}：产量品种柔性生产技术 VP 的单位产能成本。

K_{1V}：选择产量柔性生产技术 V 时，制造型创业企业产品 1 的产能决策。

K_{2V}：选择产量柔性生产技术 V 时，制造型创业企业产品 2 的产能决策。

q_{1V}：选择产量柔性生产技术 V 时，制造型创业企业生产产品 1 的产量。

q_{2V}：选择产量柔性生产技术 V 时，制造型创业企业生产产品 2 的产量。

Φ_V：选择产量柔性生产技术 V 时，制造型创业企业的生存概率。

c_V：产量柔性生产技术 V 的单位产能成本。

K_P：选择品种柔性生产技术 P 时，制造型创业企业的产能决策。

q_{1P}：选择品种柔性生产技术 P 时，制造型创业企业生产产品 1 的产量。

q_{2P}：选择品种柔性生产技术 P 时，制造型创业企业生产产品 2 的产量。

Φ_P：选择品种柔性生产技术 P 时，制造型创业企业的生存概率。

c_P：品种柔性生产技术 P 的单位产能成本。

c：选择技术 V 和技术 VP 时，制造型创业企业的单位产量调整成本。

（二）基本模型

假设当选择产量品种柔性生产技术 VP 时，制造型创业企业的产能决策为 K_{VP}，单位产能成本为 c_{VP}；制造型创业企业生产的两种产品的产量分别为 q_{1VP} 和 q_{2VP}；制造型创业企业的生存概率为 Φ_{VP}。则当选择产量柔性生

第七章 制造型创业企业产量柔性与品种柔性技术的关系研究

产技术 VP 时,制造型创业企业的最优产能决策 K_{VP}^* 和最大生存概率 Φ_{VP}^* 如下。

命题 7-1:

当制造型创业企业选择产量品种柔性生产技术 VP 时,其最优产能决策为 $K_{VP}^* = \dfrac{Dc - (2c+1+\beta) c_{VP}}{2(1+\beta)c}$,最大生存概率为:

$$\Phi_{VP}^* = \bar{F}\left\{\dfrac{D}{2} + \sqrt{\dfrac{1-\beta}{4(2c+1+\beta)}\left[8(2c+1+\beta)\alpha - D^2 - \dfrac{2[Dc-(2c+1+\beta)c_{VP}]^2}{(1+\beta)c}\right]}\right\}$$

证明:

由问题描述可知,当选择产量品种柔性生产技术 VP 时,制造型创业企业的决策包含两个阶段,第一阶段为建设期,进行产能决策,第二阶段为生产期,进行产量决策。因此,这里用逆推法进行求解。

首先,求制造型创业企业第二阶段的最优产量决策。

由问题描述可知,制造型创业企业第二阶段生产期的运营收益为:
$\pi_{VP} = (A_1 - q_{1VP} - \beta q_{2VP})q_{1VP} + (A_2 - q_{2VP} - \beta q_{1VP})q_{2VP} - c[K_{VP} - (q_{1VP} + q_{2VP})]^2$,可证 π_{VP} 是 q_{1VP} 和 q_{2VP} 的凹函数,存在最大值,分别对 π_{VP} 求 q_{1VP} 和 q_{2VP} 的偏导,并令其为 0 可得:

$$\dfrac{\partial \pi_{VP}}{\partial q_{1VP}} = A_1 - 2(c+1)q_{1VP} - 2(\beta+c)q_{2VP} + 2cK_{VP} = 0 \quad (7-1)$$

$$\dfrac{\partial \pi_{VP}}{\partial q_{2VP}} = A_2 - 2(c+1)q_{2VP} - 2(\beta+c)q_{1VP} + 2cK_{VP} = 0 \quad (7-2)$$

联立式(7-1)和式(7-2),可得制造型创业企业生产两种产品的最优产能分别为:

$$q_{1VP}^* = \dfrac{(1+c)A_1 - (c+\beta)A_2 + 2cK_{VP}(1-\beta)}{2(1-\beta)(2c+1+\beta)},$$

$$q_{2VP}^* = \dfrac{(1+c)A_2 - (c+\beta)A_1 + 2cK_{VP}(1-\beta)}{2(1-\beta)(2c+1+\beta)},将其代入 \pi_{VP} 中,可得制$$

造型创业企业第二阶段的最大利润为:

$$\pi_{VP}^* = \dfrac{D^2(1+c)}{4(1-\beta)(2c+1+\beta)} - \dfrac{A_1A_2}{2(1-\beta)} + \dfrac{cK_{VP}[D-(1+\beta)K_{VP}]}{2c+1+\beta} \quad (7-3)$$

其次，求制造型创业企业第一阶段筹建期的最优产能决策，由问题描述和式（7-3）可知，制造型创业企业第一阶段的生存概率为：

$$\Phi_{VP} = \Pr\{\pi_{VP}^* - c_{VP}K_{VP} \geq \alpha\}$$

$$= \Pr\left\{\frac{D^2(1+c)}{4(1-\beta)(2c+1+\beta)} - \frac{A_1(D-A_1)}{2(1-\beta)} + \frac{cK[D-(1+\beta)K_{VP}]}{2c+1+\beta} - c_{VP}K_{VP} \geq \alpha\right\}$$

$$= \Pr\left\{A_1 \geq \frac{D}{2} + \sqrt{\frac{1-\beta}{4(2c+1+\beta)}[8(2c+1+\beta)(\alpha+c_{VP}K_{VP}) - D^2 - 8cK_{VP}D + 8(1+\beta)cK_{VP}^2]}\right\}$$

$$= \overline{F}\left\{\frac{D}{2} + \sqrt{\frac{1-\beta}{4(2c+1+\beta)}[8(2c+1+\beta)(\alpha+c_{VP}K_{VP}) - D^2 - 8cK_{VP}D + 8(1+\beta)cK_{VP}^2]}\right\}$$

$$(7-4)$$

令

$$\Delta_1 = \frac{D}{2} + \sqrt{\frac{1-\beta}{4(2c+1+\beta)}[8(2c+1+\beta)(\alpha+c_{VP}K_{VP}) - D^2 - 8cK_{VP}D + 8(1+\beta)cK_{VP}^2]}$$，由分布函数的性质可知，当 Δ_1 最小时，Φ_{VP} 最大，可证 Δ_1 是凸函数，存在最小值，故令 $\frac{d\Delta_1}{dK_{VP}} = 0$ 可得，制造型创业企业的最优产能决策为 $K_{VP}^* = \frac{Dc - (2c+1+\beta)c_{VP}}{2(1+\beta)c}$，将其代入式（7-4）中有制造型创业企业最大生存概率为：$\Phi_{VP}^* = \overline{F}\left\{\frac{D}{2} + \sqrt{\frac{1-\beta}{4(2c+1+\beta)}\left[8(2c+1+\beta)\alpha - D^2 - \frac{2[Dc-(2c+1+\beta)c_{VP}]^2}{(1+\beta)c}\right]}\right\}$。

证毕。

命题 7-1 给出了生产两种产品时，制造型创业企业选择产量柔性生产技术 VP 的最优产能决策和最大生存概率。由研究结果可以看出，当选择产量柔性生产技术 VP 时，制造型创业企业的最优产能决策与其单位产能成本成反比，与产量品种柔性生产技术的单位产量调整成本成正比。下面将研究制造型创业企业选择品种柔性技术 P 时，其最优产能决策及最大生存概率。

假设当选择品种柔性生产技术 P 时，制造型创业企业的产能决策为 K_P，单位产能成本为 c_P；制造型创业企业搜索生产的两种产品的产量分别为 q_{1P} 和 q_{2P}；制造型创业企业的生存概率为 Φ_P。则当选择品种柔性生产技

第七章 制造型创业企业产量柔性与品种柔性技术的关系研究

术 P 时,制造型创业企业的最优产能决策 K_P^* 和最大生存概率 Φ_P^* 如下。

命题 7-2:

当选择品种柔性生产技术 P 时,制造型创业企业的最优产能决策为 $K_P^* = \dfrac{D - 2c_P}{2}$;最大生存概率为 $\Phi_P^* = \overline{F}\left[\dfrac{D + \sqrt{8\alpha - (D - 2c_P)^2}}{2}\right]$。

证明:

当制造型创业企业选择品种柔性生产技术 P 时,其决策过程可以分为两个阶段,第一阶段为产能投资决策,第二阶段为两种产品的产量决策。两种产品的价格分别为 $p_{1P} = A_1 - q_{1P}$、$p_{2P} = A_2 - q_{2P} = A_2 - (K_P - q_{1P})$,制造型创业企业第二阶段的运营收益为:

$$\pi_P = p_{1P} q_{1P} + p_{2P}(K_P - q_{1P}) = (A_1 - q_{1P}) q_{1P} + [A_2 - (K_P - q_{1P})](K_P - q_{1P}) \tag{7-5}$$

对式(7-5)的右边求导,并令 $\dfrac{d\pi_P}{dq_{1P}} = 0$ 可得,当选择品种柔性生产技术 P 时,制造型创业企业生产两种产品的最优产量为:

$$q_{1P}^* = \dfrac{A_1 - A_2}{4} + \dfrac{K_P}{2}, \quad q_{2P}^* = \dfrac{A_2 - A_1}{4} + \dfrac{K_P}{2} \tag{7-6}$$

联立式(7-5)和式(7-6)可得,制造型创业企业第二阶段生产期的最大运营收益为

$$\pi_P^* = \dfrac{(A_1 - A_2)^2}{8} + \dfrac{(A_1 + A_2)K_P}{2} - \dfrac{K_P^2}{2} \tag{7-7}$$

由问题描述可知,制造型创业企业第一阶段的利润为 $\Pi_P = \pi_P^* - c_P K_P$,生存概率为:

$$\Phi_P = \Pr\{\Pi_P \geqslant \alpha\} = \Pr\left\{\dfrac{(A_1 - A_2)^2}{8} + \dfrac{(A_1 + A_2)K_P}{2} - \dfrac{K_P^2}{2} - c_P K_P \geqslant \alpha\right\} \tag{7-8}$$

由研究假设可知:$A_1 + A_2 = D$,将其代入式(7-8)中可得:

$$\Phi_P = \Pr\left\{A_1 \geqslant \dfrac{D}{2} + \sqrt{K_P(K_P - D) + 2(c_P K_P + \alpha)}\right\}$$

$$= \overline{F}\left[\frac{D}{2} + \sqrt{K_P(K_P - D) + 2(c_P K_P + \alpha)}\right] \quad (7-9)$$

令 $\Delta_2 = \frac{D}{2} + \sqrt{K_P(K_P - D) + 2(c_P K_P + \alpha)}$，由分布函数的性质可知，当 Δ_2 最小时，制造型创业企业的生存概率 Φ_P 最大，因此令 $\frac{\partial \Delta_2}{\partial K_P} = 0$ 可得，制造型创业企业的最优产能决策为 $K_P^* = \frac{D - 2c_P}{2}$，最大生存概率为

$$\Phi_P^* = \overline{F}\left[\frac{D + \sqrt{8\alpha - (D - 2c_P)^2}}{2}\right]。$$

证毕。

命题 7-2 给出了制造型创业企业选择品种柔性生产技术 P 的最优产能决策和最大生存概率，为后续研究打下了基础，下面将研究制造型创业企业选择产量柔性生产技术 V 的最优产能决策和最大生存概率。

假设当选择产量柔性生产技术 V 时，制造型创业企业的产能决策为 K_V，单位产能成本为 c_V；制造型创业企业生产的两种产品的产量分别为 q_{1V} 和 q_{2V}；创业企业的生存概率为 Φ_V。则当选择产量柔性生产技术 V 时，制造型创业企业的最优产能决策 K_V^* 和最大生存概率 Φ_V^* 如下。

命题 7-3：

当选择产量柔性生产技术 V 时，制造型创业企业所生产的两种产品的最优产能分别为：

$$K_{1V}^* = \frac{Dc - 2(1 + c + \beta)c_V}{4c(1 + \beta)} + \frac{1}{2}\sqrt{\frac{2\alpha}{1 - \beta} - \frac{D^2}{4(1 - \beta)(1 + c + \beta)} - \frac{[Dc - 2(1 + c + \beta)c_V]^2}{4c(1 - \beta^2)(1 + c + \beta)}}$$

$$K_{2V}^* = \frac{Dc - 2(1 + c + \beta)c_V}{4c(1 + \beta)} - \frac{1}{2}\sqrt{\frac{2\alpha}{1 - \beta} - \frac{D^2}{4(1 - \beta)(1 + c + \beta)} - \frac{[Dc - 2(1 + c + \beta)c_V]^2}{4c(1 - \beta^2)(1 + c + \beta)}}$$

制造型创业企业的最大生存概率为：

$$\Phi_V^* = \overline{F}\left[\frac{D}{2} + \sqrt{2(1 - \beta)\alpha - \frac{D^2(1 - \beta)}{4(1 + c + \beta)} - \frac{(1 - \beta)[Dc - 2(1 + c + \beta)c_V]^2}{4c(1 + \beta)(1 + c + \beta)}}\right]$$

证明：

第七章 制造型创业企业产量柔性与品种柔性技术的关系研究

当选择产量柔性生产技术 V 时，制造型创业企业的决策包含两个阶段，因此，这里我们用逆推法求解。

首先，求制造型创业企业第二阶段的最优产量决策，由问题描述可知，当选择产量柔性生产技术 V 时，制造型创业企业第二阶段生产期的利润为：$\pi_V = (A_1 - q_{1V} - \beta q_{2V}) q_{1V} - c(K_{1V} - q_{1V})^2 + (A_2 - q_{2V} - \beta q_{1V}) q_{2V} - c(K_{2V} - q_{2V})^2$，可以证明 π_V 是 q_{1V} 和 q_{2V} 的凹函数，存在最大值，因此分别对 π_V 求 q_{1V} 和 q_{2V} 的偏导，并令其为 0 可得：

$$\frac{\partial \pi_V}{\partial q_{1V}} = A_1 + 2cK_{1V} - 2(c+1)q_{1V} - 2\beta q_{2V} = 0 \tag{7-10}$$

$$\frac{\partial \pi_V}{\partial q_{2V}} = A_2 + 2cK_{2V} - 2(c+1)q_{2V} - 2\beta q_{1V} = 0 \tag{7-11}$$

由式（7-10）和式（7-11）可得，$q_{1V} = \dfrac{A_1 + 2cK_{1V} - 2\beta q_{2V}}{2(c+1)}$、$q_{2V} = \dfrac{A_2 + 2cK_{2V} - 2\beta q_{1V}}{2(c+1)}$，联立二者可得，当选择产量柔性生产技术时，制造型创业企业的最优产量决策分别为：

$$q_{1V}^* = \frac{(1+c)A_1 - \beta A_2 + 2c(1+c)K_{1V} - 2c\beta K_{2V}}{2(1+c+\beta)(1+c-\beta)}$$

$$q_{2V}^* = \frac{(1+c)A_2 - \beta A_1 + 2c(1+c)K_{2V} - 2c\beta K_{1V}}{2(1+c+\beta)(1+c-\beta)} \tag{7-12}$$

将式（7-12）代入制造型创业企业第二阶段运营收益 π_V 的表达式中可得，制造型创业企业第二阶段的最大利润为：

$$\pi_V^* = \frac{(1+c)(A_1^2 + A_2^2) - 2\beta A_1 A_2 + 4c\{[(1+c)K_{1V} - \beta K_{2V}]A_1 + [(1+c)K_{2V} - \beta K_{1V}]A_2\} - 4c(1+c-\beta^2)(K_{1V}^2 + K_{2V}^2) - 8\beta c^2 K_{1V} K_{2V}}{4(1+c+\beta)(1+c-\beta)}$$

其次，求制造型创业企业第一阶段筹建期的最优产能决策，结合问题描述和制造型创业企业第二阶段生产期的最优产量决策可得，制造型创业企业第一阶段的生产概率为：

$$\Phi_V = \Pr\{\pi_V^* - c_V(K_{1V} + K_{2V}) \geq \alpha\} = \bar{F}\left\{\frac{D - 2c(K_{1V} - K_{2V})}{2} + \right.$$

$$\frac{\sqrt{1+c-\beta}}{2\sqrt{1+c+\beta}}\sqrt{\begin{array}{l}-D^2-4Dc(K_{1V}+K_{2V})+4c(2+c+2\beta)(K_{1V}^2+K_{2V}^2)-\\8c^2K_{1V}K_{2V}+8(1+c+\beta)[\alpha+c_v(K_{1V}+K_{2V})]\end{array}}\bigg\}$$

令

$$\Delta_3=\frac{D-2c(K_{1V}-K_{2V})}{2}+\frac{\sqrt{1+c-\beta}}{2\sqrt{1+c+\beta}}\sqrt{\begin{array}{l}-D^2-4Dc(K_{1V}+K_{2V})+4c(2+c+2\beta)(K_{1V}^2+K_{2V}^2)\\-8c^2K_{1V}K_{2V}+8(1+c+\beta)[\alpha+c_v(K_{1V}+K_{2V})]\end{array}}$$

由分布函数的性质可知,当 Δ_3 最小时,制造型创业企业的生存概率 Φ_V 最大,可以证明 Δ_3 是凸函数,存在最小值,故令 $\frac{\partial \Delta_3}{\partial K_{1V}}=0$、$\frac{\partial \Delta_3}{\partial K_{2V}}=0$,可得当选择产量柔性生产技术时,制造型创业企业的最优产能分别为:

$$K_{1V}^*=\frac{Dc-2(1+c+\beta)c_V}{4c(1+\beta)}+\frac{1}{2}\sqrt{\frac{2\alpha}{1-\beta}-\frac{D^2}{4(1-\beta)(1+c+\beta)}-\frac{[Dc-2(1+c+\beta)c_V]^2}{4c(1-\beta^2)(1+c+\beta)}}$$

$$K_{2V}^*=\frac{Dc-2(1+c+\beta)c_V}{4c(1+\beta)}-\frac{1}{2}\sqrt{\frac{2\alpha}{1-\beta}-\frac{D^2}{4(1-\beta)(1+c+\beta)}-\frac{[Dc-2(1+c+\beta)c_V]^2}{4c(1-\beta^2)(1+c+\beta)}}$$

(7-13)

将式 (7-13) 代入 Φ_V 可得创业企业的最大生存概率为:

$$\Phi_V^*=\overline{F}\left\{\frac{D}{2}+\sqrt{2(1-\beta)\alpha-\frac{D^2(1-\beta)}{4(1+c+\beta)}-\frac{(1-\beta)[Dc-2(1+c+\beta)c_V]^2}{4c(1+\beta)(1+c+\beta)}}\right\}$$

证毕。

命题 7-1 至命题 7-3 给出了制造型创业企业选择不同的柔性生产技术时的最优产能决策和最大生存概率,为后续研究打下了基础,下面研究当可以选择的柔性生产技术有产量品种柔性生产技术、产量柔性生产技术和品种柔性生产技术时,制造型创业企业的柔性生产技术决策。

第七章 制造型创业企业产量柔性与品种柔性技术的关系研究

三、制造型创业企业的柔性技术决策

根据前文分析，我们得到了制造型创业企业选择 3 种不同的柔性生产技术时，其最优产能决策及最大生存概率，这一节我们将研究制造型创业企业的柔性生产技术决策问题。

首先研究当可以选择的柔性生产技术有产量品种柔性生产技术 VP 和品种柔性生产技术 P 两种时，制造型创业企业选择两种柔性生产技术的成本边界。

定理 7 – 1：

设可以选择的柔性生产技术有产量品种柔性生产技术 VP 和品种柔性技术 P 两种，令 $c_P^* = \dfrac{D}{2} - \sqrt{2\beta\alpha + \dfrac{(1-\beta)D^2}{4(2c+1+\beta)} + \dfrac{(1-\beta)[Dc-(2c+1+\beta)c_{VP}]^2}{2(2c+1+\beta)(1+\beta)c}}$，则当 $c_P \leqslant c_P^*$ 时，制造型创业企业会选择品种柔性生产技术 P，反之会选择产量品种柔性技术 VP。

证明：

由命题 7 – 1 和命题 7 – 2 可以看出，当制造型创业企业选择产量品种柔性生产技术 VP 时，其最大生存概率为 Φ_{VP}^*；当制造型创业企业选择品种柔性生产技术 P 时，其最大生存概率为 Φ_P^*。因此，当 $\Phi_P^* \geqslant \Phi_{VP}^*$ 时，品种柔性生产技术 P 优于技术产量品种柔性生产技术 VP，由命题 7 – 1 和命题 7 – 2 中 Φ_{VP}^* 和 Φ_P^* 的表达式可知，当 $\overline{F}\left[\dfrac{D+\sqrt{8\alpha-(D-2c_P)^2}}{2}\right] \geqslant$

$\overline{F}\left\{\dfrac{D}{2}+\sqrt{\dfrac{1-\beta}{4(2c+1+\beta)}\left[8(2c+1+\beta)\alpha - D^2 - \dfrac{2[Dc-(2c+1+\beta)c_{VP}]^2}{(1+\beta)c}\right]}\right\}$ 时，

品种柔性生产技术 P 优于产量品种柔性生产技术 VP。上式可简化为：

$$c_P \leq \frac{D}{2} - \sqrt{2\beta\alpha + \frac{(1-\beta)\ D^2}{4\ (2c+1+\beta)} + \frac{(1-\beta)\ [Dc - (2c+1+\beta)\ c_{VP}]^2}{2\ (2c+1+\beta)\ (1+\beta)\ c}}$$

令

$$c_P^* = \frac{D}{2} - \sqrt{2\beta\alpha + \frac{(1-\beta)\ D^2}{4\ (2c+1+\beta)} + \frac{(1-\beta)\ [Dc - (2c+1+\beta)\ c_{VP}]^2}{2\ (2c+1+\beta)\ (1+\beta)\ c}},$$

故当 $c_P \leq c_P^*$ 时，制造型创业企业会选择品种柔性生产技术 P，反之会选择技术产量品种柔性生产技术 VP。

证毕。

定理 7-1 给出了当可以选择的柔性生产技术有品种柔性生产技术 P 和产量品种柔性生产技术 VP 两种时，制造型创业企业选择品种柔性生产技术 P 或产量品种柔性生产技术 VP 的条件。由研究结果可以看出，当品种柔性生产技术 P 的单位产能成本较小时，制造型创业企业会选择品种柔性生产技术 P，反之会选择产量品种柔性生产技术 VP。

在定理 7-2 中，我们将研究当可以选择的柔性生产技术有产量柔性生产技术 V 和产量品种柔性生产技术 VP 两种时，制造型创业企业选择两种柔性生产技术的成本边界条件。

定理 7-2：

设可以选择的柔性生产技术有产量品种柔性技术 VP 和产量柔性技术 V 两种，令

$$c_V^* = \frac{Dc}{2\ (1+c+\beta)} - \frac{1}{4\ (1+c+\beta)}\sqrt{\frac{8\ (1+c+\beta)\ [Dc - (2c+1+\beta)\ c_{VP}]^2 - (1+\beta)\ D^2c^2}{2c+1+\beta}},$$ 则当 $c_V \leq c_V^*$ 时，制造型创业企业会选择产量柔性生产技术 V，反之会选择产量品种柔性生产技术 VP。

证明：

由命题 7-1 和命题 7-3 的研究可知，当选择产量品种柔性生产技术 VP 时，制造型创业企业的最大生存概率为 Φ_{VP}^*；当选择品种柔性生产技术 V 时，其最大生存概率为 Φ_V^*。

因此，当 $\Phi_V^* \geq \Phi_{VP}^*$ 时，产量柔性生产技术 V 优于产量品种柔性生产技

术 VP，根据命题 7-1 和命题 7-3 中 Φ_V^* 和 Φ_{VP}^* 的表达式可得，当 $c_V \leqslant \dfrac{Dc}{2(1+c+\beta)} - \dfrac{1}{4(1+c+\beta)}\sqrt{\dfrac{8(1+c+\beta)[Dc-(2c+1+\beta)c_{VP}]^2-(1+\beta)D^2c^2}{2c+1+\beta}}$ 时，$\Phi_V^* \geqslant \Phi_{VP}^*$，令

$$c_V^* = \dfrac{Dc}{2(1+c+\beta)} - \dfrac{1}{4(1+c+\beta)}\sqrt{\dfrac{8(1+c+\beta)[Dc-(2c+1+\beta)c_{VP}]^2-(1+\beta)D^2c^2}{2c+1+\beta}}，$$ 可得当 $c_V \leqslant c_V^*$ 时，制造型创业企业会选择产量柔性生产技术 V，反之会选择品种柔性生产技术 VP。

证毕。

定理 7-2 给出了当可以选择的柔性生产技术有产量柔性生产技术 V 和产量品种柔性生产技术 VP 时，制造型创业企业选择两种柔性生产技术的边界条件，由研究结果可以得出，当产量柔性生产技术的单位产能成本 c_V 小于某一边界时，制造型创业企业会选择产量柔性生产技术 V，反之会选择产量品种柔性生产技术 VP。

通过对比品种柔性生产技术 P 和产量柔性生产技术 V 下，制造型创业企业的最大生存概率，可以得到制造型创业企业选择品种柔性生产技术 P 或选择产量柔性生产技术 V 的条件如下。

定理 7-3：

设可以选择的技术有产量柔性生产技术 V 和品种柔性生产技术 P 两种，令 $c_Z^* = \dfrac{-2\beta Dc + \sqrt{4\beta^2 D^2 c^2 - 2(1-2\beta c - \beta^2)\beta c[4(1+\beta)\alpha - D^2]}}{2(1-2\beta c - \beta^2)}$，$c_V = c_P = c_Z$，则当 $c_V \geqslant c_Z^*$ 时，制造型创业企业会选择产量柔性生产技术 V，反之会选择品种柔性生产技术 P。

证明：

当选择品种柔性生产技术 P 时，制造型创业企业的最大生存概率为 Φ_P^*，当选择产量柔性生产技术 V 时，制造型创业企业的最大生存概率为 Φ_V^*，当 $\Phi_V^* \geqslant \Phi_P^*$ 时，创业企业会选择产量柔性生产技术 V，由命题 7-2

和命题 7-3 中 Φ_V^* 和 Φ_P^* 的具体表达式可得,当 $c_V \leqslant$

$$\frac{Dc - \sqrt{\frac{c(1+\beta)}{1-\beta}[(1+c+\beta)(D-2c_P)^2 - 8\beta(1+c+\beta)\alpha - D^2(1-\beta)]}}{2(1+c+\beta)}$$

时,$\Phi_V^* \geqslant \Phi_P^*$,创业企业会选择产量柔性生产技术 V,反之会选择品种柔性生产技术 P。若 $c_V = c_P = c_Z$,令 $c_Z^* =$

$$\frac{-2\beta Dc + \sqrt{4\beta^2 D^2 c^2 - 2(1-2\beta c - \beta^2)\beta c[4(1+\beta)\alpha - D^2]}}{2(1-2\beta c - \beta^2)}$$,则当 $c_Z \geqslant c_Z^*$

时 $\Phi_V^* \geqslant \Phi_P^*$,制造型创业企业会选择产量柔性生产技术 V,反之会选择品种柔性生产技术 P。

证毕。

定理7-3给出了当可以选择的柔性生产技术有产量柔性生产技术 V 和品种柔性生产技术 P 时,制造型创业企业选择两种柔性生产技术的边界条件。定理7-1至定理7-3给出了当可以选择的柔性生产技术有两种时,制造型创业企业的柔性生产技术决策边界,下面将在上述定理的基础上,研究当可以选择的柔性生产技术有3种时,制造型创业企业应如何进行柔性生产技术决策。

定理 7-4:

当可以选择的柔性生产技术有产量柔性生产技术 V,品种柔性生产技术 P 和产量品种柔性生产技术 VP 时,制造型创业企业的柔性生产技术决策如下:

(1) 当 $c_Z^* \leqslant c_V \leqslant c_V^*$ 时,制造型创业企业应选择产量柔性生产技术 V。

(2) 当 $c_P \leqslant \min(c_P^*, c_Z^*)$ 时,制造型创业企业应选择品种柔性生产技术 P。

(3) 当 $c_P \geqslant \max(c_P^*, c_V^*)$ 时,制造型创业企业应选择产量品种柔性技术 VP。

证明:

(1) 由定理 7-2 可知:当可以选择的柔性生产技术有产量品种柔性

生产技术 VP 和产量柔性生产技术 V 两种时，若 $c_V \leqslant c_V^*$ 时，制造型创业企业会选择产量柔性生产技术 V。由定理 7-3 可知：当可以选择的柔性生产技术有产量柔性生产技术 V 和品种柔性生产技术 P 两种时，若 $c_V \geqslant c_Z^*$ 时，制造型创业企业选择产量柔性生产技术 V。因此当 $c_Z^* \leqslant c_V \leqslant c_V^*$ 时，制造型创业企业应选择产量柔性生产技术 V。

（2）由定理 7-1 可知：当可以选择的柔性生产技术有产量品种柔性生产技术 VP 和品种柔性生产技术 P 两种时，若 $c_P \leqslant c_P^*$，制造型创业企业会选择品种柔性生产技术 P。由定理 7-3 可知：当可以选择的柔性生产技术有产量柔性生产技术 V 和品种柔性生产技术 P 两种时，若 $c_P \leqslant c_Z^*$ 时，制造型创业企业选择品种柔性生产技术 P。因此当 $c_P \leqslant \min(c_P^*, c_Z^*)$ 时，制造型创业企业应选择品种柔性生产技术 P。

（3）由定理 7-1 可知：当可以选择的柔性生产技术有产量品种柔性生产技术 VP 和品种柔性生产技术 P 两种时，若 $c_P \geqslant c_P^*$ 时，制造型创业企业会选择产量品种柔性生产技术 VP。由定理 7-2 可知：当可以选择的柔性生产技术有产量品种柔性生产技术 VP 和产量柔性生产技术 V 两种时，若 $c_V \geqslant c_V^*$ 时，制造型创业企业选择品种柔性生产技术 VP。而 $c_P = c_V$，因此当 $c_P \geqslant \max(c_P^*, c_V^*)$ 时，制造型创业企业应选择产量品种柔性生产技术 VP。

证毕。

四、数值实验

由于定理 7-4 中制造型创业企业柔性生产技术决策的边界比较抽象复杂，因此下面通过数值实验来具体分析影响制造型创业企业柔性生产技术决策的因素。设两种产品的总市场容量为 $D=10$，制造型创业企业的初

制造型创业企业柔性生产技术选择与产能决策研究

始固定负债为 $\alpha=15$，产量品种柔性生产技术的单位产能成本为 $c_{VP}=4$，单位产量调整成本为 $c_f=0.5:0.05:1$，两种产品的替代率 $\beta=0.2:0.4:0.6$，将上述参数值代入定理7-1至定理7-3中创业企业柔性生产技术决策的边界有：当可以选择的柔性生产技术有产量柔性生产技术 V，品种柔性生产技术 P 和产量品种柔性生产技术 VP 时，制造型创业企业的柔性生产技术决策如图7-2至图7-4所示。

由图7-2至图7-4可以看出：首先，随着两种产品替代率 β 的增大，制造型创业企业选择品种柔性生产技术 P 的概率减小，选择产量品种柔性生产技术 VP 的概率增大。这说明当两种产品的替代率较大时，品种柔性生产技术的作用减小，只有当品种柔性生产技术 P 的单位产能成本特别小时，制造型创业企业会选择品种柔性生产技术 P，反之会选择产量品种柔性生产技术 VP 或产量柔性生产技术 V。其次，随着产量柔性生产技术单位产量调整成本 c 的增大，制造型创业企业选择产量品种柔性生产技术 VP

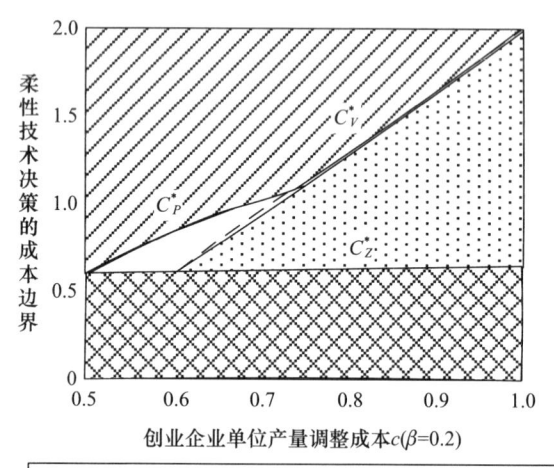

图7-2 产品替代率 β 为 0.2 时，
制造型创业企业柔性生产技术决策的成本边界

第七章　制造型创业企业产量柔性与品种柔性技术的关系研究

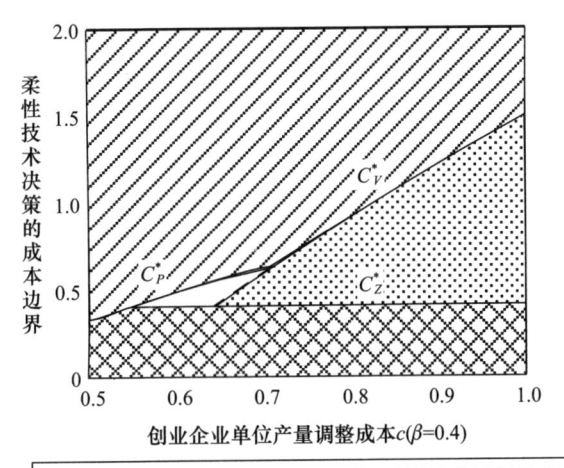

图7-3　产品替代率 β 为 0.4 时，
制造型创业企业柔性生产技术决策的成本边界

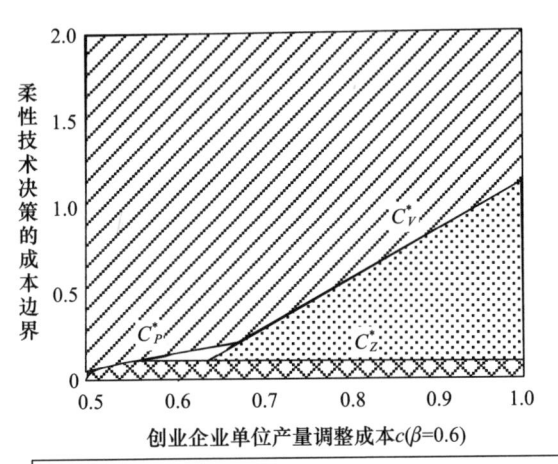

图7-4　产品替代率 β 为 0.6 时，
制造型创业企业柔性生产技术决策的成本边界

的概率减小,选择产量柔性生产技术 V 的概率增大。这是因为制造型创业企业比较关心成本因素,当单位产量调整成本较大时,制造型创业企业倾向于选择单位产能成本较小的产量柔性生产技术 V,而当产量柔性生产技术的单位产能成本超过某一边界时,制造型创业企业倾向于选择产量品种柔性生产技术 VP。

由命题 7-4 中边界条件可以看出,制造型创业企业的柔性生产技术决策不仅与两种产品的替代率 β 相关,还与制造型创业企业的初始负债 α 和两种产品的市场容量 D 的大小有关,因此,下面将分析产品替代率 β 不变的情况下,制造型创业企业的初始负债 α 和市场容量 D 对其柔性生产技术决策的影响。

当两种产品的替代率 $\beta = 0.2$,市场容量为 $D = 10$,初始固定负债 α 分别为 14、15 和 16 时,制造型创业企业的柔性技术决策边界如图 7-5 至图 7-7 所示;当两种产品的替代率 $\beta = 0.2$,初始固定负债 $\alpha = 15$,两种产品的市场容量 D 分别为 9、9.5 和 10 时,制造型创业企业的柔性生产技术决策边界如图 7-8 至图 7-10 所示。

由图 7-5 至图 7-7 可以看出,随着初始负债 α 的增大,制造型创业企业选择品种柔性生产技术 P 的概率减小,选择产量品种柔性生产技术 VP 的概率增大。这说明当初始负债 α 较大时,制造型创业企业更倾向于选择产量品种柔性生产技术 VP,以更好地应对市场需求的不确定性。

由图 7-8 至图 7-10 可以看出,随着产品市场容量 D 的增大,制造型创业企业选择品种柔性生产技术 P 和产量柔性生产技术 V 的概率增大,选择产量品种柔性生产技术 VP 的概率减小。这说明随着产品市场容量的增大,制造型创业企业更倾向于选择单一的柔性技术。

第七章　制造型创业企业产量柔性与品种柔性技术的关系研究

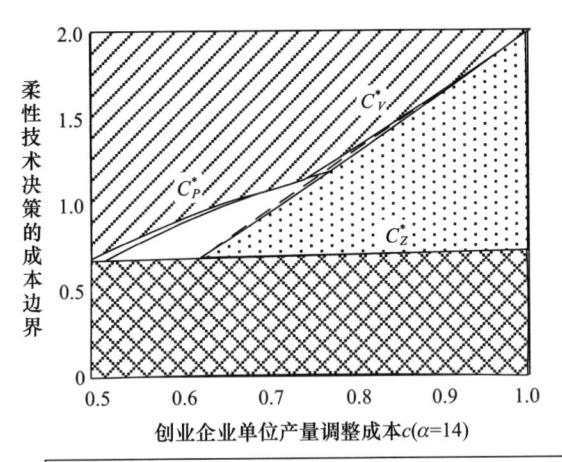

图 7-5　初始负债 α 为 14 时，制造型创业企业柔性生产技术决策的成本边界

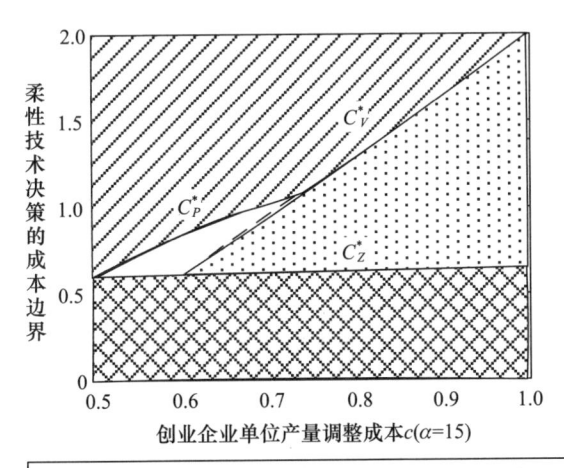

图 7-6　初始负债 α 为 15 时，制造型创业企业柔性生产技术决策的成本边界

制造型创业企业柔性生产技术选择与产能决策研究

图 7-7 初始负债 α 为 16 时，制造型创业企业柔性生产技术决策的成本边界

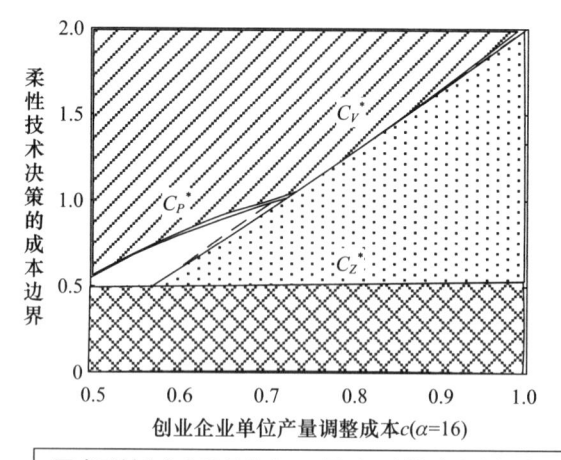

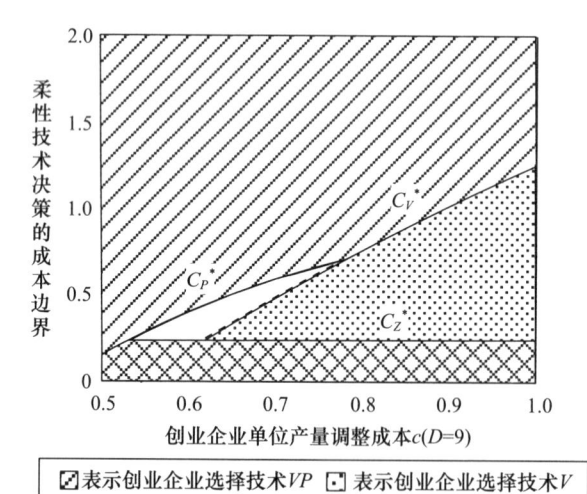

图 7-8 产品市场容量 D 为 9 时，制造型创业企业柔性生产技术决策的成本边界

第七章 制造型创业企业产量柔性与品种柔性技术的关系研究

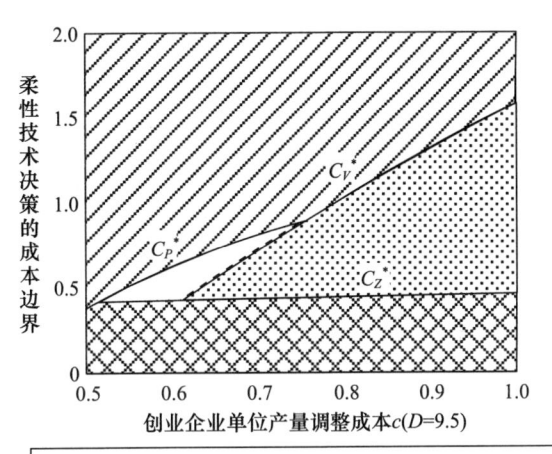

图 7-9 产品市场容量 D 为 9.5 时，制造型创业企业柔性生产技术决策的成本边界

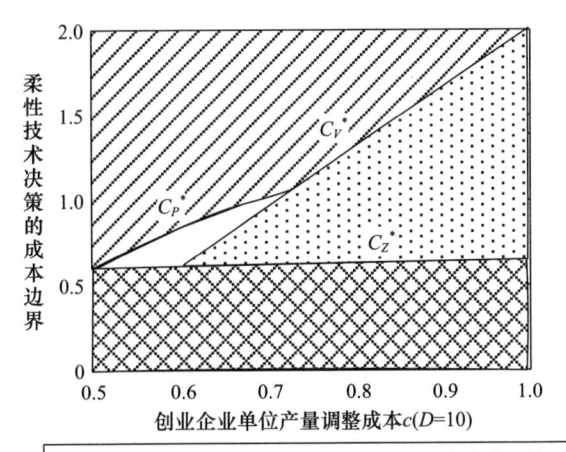

图 7-10 产品市场容量 D 为 10 时，制造型创业企业柔性生产技术决策的成本边界

五、本章小结

本章以生存概率最大化为创业企业的决策目标，研究了当可以选择的柔性生产技术有产量柔性生产技术、品种柔性生产技术和产量品种柔性生产技术三种时，制造型创业企业的柔性生产技术决策边界，能够为制造型创业企业决策者的柔性生产技术决策提供一定的参考，得出的结论主要有：第一，随着两种产品替代率的增大，制造型创业企业选择品种柔性生产技术的概率减小，选择产量品种柔性生产技术的概率增大。即当两种产品的替代率较大时，在品种柔性生产技术的基础上增加产量柔性生产技术能够增大创业企业的生存概率，而在产量柔性生产技术的基础上增加品种柔性生产技术却未必有益。第二，当两种产品的替代率不变时，若初始负债较大，制造型创业企业更倾向于选择产量品种柔性生产技术，以更好地应对市场需求的不确定。第三，随着市场容量的增大，制造型创业企业选择品种柔性生产技术和产量柔性生产技术的概率增大，选择产量品种柔性生产技术的概率减小。

本章的研究还有很多不足之处，柔性生产技术有很多种，本章只研究了产量柔性生产技术和品种柔性生产技术之间的关系，未考虑其他柔性生产技术，未来的研究可以考虑其他柔性生产技术，使研究更加完善。

第八章 总结与展望

当前有关制造型企业柔性生产技术选择与产能决策的研究大多以行业中原有的成熟企业为研究对象，尚未有人研究制造型创业企业的柔性生产技术选择与产能决策，然而制造型创业企业的决策目标不同于行业中原有的成熟制造型企业，这使得现有有关柔性生产技术的研究不适合创业企业的决策者。本书将柔性生产技术的选择与产能决策的研究引入了创业企业理论的研究中，一方面能够扩展创业企业理论的研究内容，另一方面也能为制造型创业企业的决策者提供一定的参考。

一、总结

本书以制造型创业企业为研究对象，重点研究垄断和竞争情况下，其产量柔性与品种柔性生产技术选择与产能决策，并进一步研究了制造型创业企业产量柔性与品种柔性生产技术之间的关系，主要工作和研究结论如下：

（1）综述了当前有关柔性生产技术决策研究与创业企业研究的相关文献，为后续的研究工作奠定了坚实的基础。从创业企业的相关研究开始，梳理了创业企业研究的相关文献，重点综述了创业企业运营决策的研究。同时也对柔性生产技术的研究进行了综述，概括了柔性生产技术研究在经济学、组织管理学等不同学科中的意义，重点综述了运营管理研究中的柔性生产技术研究，并对柔性生产技术之间关系的研究进行了概括。

（2）以生产一种产品的制造型创业企业为研究对象，研究其产量柔性生产技术选择与产能决策。分析了制造型创业企业的产量柔性生产技术决策过程，研究其产量柔性生产技术决策的影响因素。研究结果表明：当无柔性生产技术的单位产能成本大于某一边界时，制造型创业企业应选择产量柔性生产技术，否则应选择无柔性生产技术；创业企业选择产量柔性生产技术的概率与产量柔性生产技术的单位产能成本、单位调整成本和固定负债成反比；此外，当选择产量柔性生产技术时，创业企业的最优产能小于其选择无柔性生产技术时的最优产能。

（3）研究制造型创业企业与行业中原有企业竞争的产量柔性生产技术博弈。将制造型创业企业产量柔性生产技术的研究扩展到竞争情况下，重点研究与行业中原有制造企业的竞争中二者的产量柔性生产技术决策，考虑在竞争中，两企业可以选择产量柔性生产技术或无柔性生产技术。通过分析不同的竞争策略组合下，二者的最优产能决策，从而研究两企业的竞争均衡。研究发现，由于创业型企业以生存概率最大化为决策目标，更加关注成本因素，在竞争中更倾向于选择成本较小的无柔性生产技术。而行业中原有企业对市场需求的波动更为敏感，当市场需求的波动较大时，更倾向于选择产量柔性生产技术。此外，随着产量柔性生产技术单位产量调整成本的增大，创业型企业和行业中企业选择无柔性生产技术的概率都随之增大。

（4）研究制造型创业企业的品种柔性生产技术选择与产能决策。以生产两种产品的制造型创业企业为研究对象，通过分析品种柔性生产技术和无柔性生产技术下，制造型创业企业的最优产能决策以及最大生存概率，最终研究制造型创业企业选择品种柔性生产技术的条件及影响因素。研究结果表明：相比于行业中原有企业，制造型创业企业更倾向于选择无柔性生产技术；品种柔性生产技术和无柔性生产技术的单位产能成本相差较大时，创业型企业倾向于选择品种柔性生产技术；当初始负债较大时，创业型企业成为风险偏好型，更倾向于选择品种柔性生产技术。

(5) 研究制造型创业企业与行业中原有企业竞争的品种柔性生产技术博弈。考虑制造型创业企业和行业中原有企业相互竞争，二者都生产两种产品，重点研究竞争情况下，二者的品种柔性生产技术选择与产能决策。通过分析不同的柔性生产技术组合下二者的最优产能决策，得出了两企业的反应函数，最终研究二者的竞争均衡。研究结果表明：在竞争中，制造型创业企业应选择无柔性生产技术，以增大自身的生存概率；行业中原有制造型企业是否选择品种柔性生产技术与两种产品市场容量的波动相关；当品种柔性生产技术单位产能成本较大时，行业中原有制造型企业更倾向于选择无柔性生产技术，当两种产品的市场总容量较大时，行业中原有制造型企业选择品种柔性生产技术能使其获得更大的收益。

(6) 研究制造型创业企业产量柔性生产技术与品种柔性生产技术之间的关系。考虑制造型创业企业生产两种产品，可以选择的生产技术有产量品种柔性、产量柔性和品种柔性三种，通过分析不同柔性生产技术下，制造型创业企业的最大生存概率，最终研究产量柔性生产技术与品种柔性生产技术之间的关系。研究结果表明：当两种产品的替代率较大时，在品种柔性生产技术的基础上增加产量柔性生产技术往往能够改善制造型创业企业的运作绩效，提高其生存概率，而在产量柔性生产技术的基础上增加品种柔性生产技术却并不一定有益。

二、未来展望

将运营管理领域的研究方法引入创业企业的研究中，能够产生较多的研究机会，本书只选取了运营管理中的柔性生产技术决策，与创业企业的研究结合起来，重点选择了两种比较常用的柔性生产技术进行研究。而在现实生产中，柔性生产技术包括很多种，后续的研究可以考虑柔性生产技术的其他方面，充实制造型创业企业柔性生产技术决策的研究。此外，从供应链的角度来讲，只研究了单一的制造商，未考虑供应链上游的供应商和供应链下游的零售商，因此后续的研究可以考虑供应链上的其他企业，研究制造型创业企业的柔性生产技术决策。

（一）创业企业运营决策研究

在创业研究的不同阶段都有对创业企业运营决策未来研究方向的探讨，最近一篇有关创业企业运营决策未来研究方向的学术论文由 Krishnan 于 2013 年发表在运作管理领域的顶级刊物 *Production and Operations Management* 学术期刊上，重点探讨了运作管理研究在技术商业化和创业研究中的研究机会。该文指出生产与运作管理研究的重点是"少花钱多办事"，而这种思维逻辑对于面临较多资源限制的创业企业来说尤为实用，而当前有关生产与运作管理的研究大多以行业中原有企业为研究对象，对创业企业运营决策的关注则较少，因此，用生产与运作管理领域的研究方法来研究创业企业的问题将会获得较多的收获。

创业企业是在生命周期中处于成熟期前的企业，其决策目标不同于行业中原有企业，不仅包括利润目标，还包括生存目标，本书重点考虑创业企业的生产目标，后续的研究中不仅可以同时考虑创业企业的生存目标和利润目标，还可以考虑创业企业的决策目标包含多个不同的维度，研究多重目标下创业企业的运营决策。

本书只考虑了制造型创业企业，未来研究还可以考虑其他类型的创业企业，如高技术创业企业以及服务型创业企业等。此外，创业企业的运营决策包括很多方面，除了柔性生产技术决策，还包括创业企业的库存决策、融资决策以及组织结构选择等。其中，库存决策作为制造型企业运营决策研究的重点，对于制造型创业企业而言更是如此；融资决策也是创业企业决策者关心的重要问题，是创业企业财务决策的重要方面；选择什么样的组织结构能使创业企业更好的生产一直以来都是创业企业决策者关心的重点，因此，后续的研究可以从这些方面展开。

（二）创业供应链管理

供应链管理是当前研究的热点，在经济全球化时代，企业之间的竞争已经扩展到供应链上，企业能否成功不仅仅取决于其自身的努力，还取决于企业与供应链上其他企业的协调、企业在产品供应链中扮演的角色。供应链研究中一个永恒的主题是供应链协调。而当前有关供应链协调的大部分文献都是研究行业中原有企业所组成的供应链，在供应链协调中考虑创业企业的研究还较少，因此，创业供应链的研究也是未来的一个研究方向。

Wu 等（2010）以中国为例，研究了全球创业与供应链管理之间的关系，提出创业企业在创业之初就应该站在供应链的高度，制定相应的战略以及运营决策。创业供应链主要研究供应链上的企业中有一个或几个企业为创业企业，研究创业企业的破产风险对供应链上其他企业运营绩效的影响，以及创业企业与供应链上其他企业之间的协调。

（三）创业企业决策者的行为模式研究

企业家的行为模式会对企业的运营决策产生较大的影响，创业企业决策者的行为模式也不例外，当前研究人员已经在运作管理研究中引入了行为经济学的研究成果（Su，2008；Katok & Wu，2009），使得研究结果与现实更加贴近。在创业企业的研究中引入行为经济学的分析也将产生新的研究成果。

为研究破产风险对创业企业运营决策的影响，本书假设创业企业的决策目标为生产概率最大化，而在现实中，创业企业决策者在进行决策时，不一定以生产概率最大化作为最大目标，可能存在不同的决策偏好，因此，后续研究可以探讨创业企业决策者的不同行为模式，研究不同的决策偏好和行为模式下，创业企业的运营决策，使研究结果更加接近现实。

目前有关创业企业的研究中，这方面的研究还较少，尚处于起步阶段，因此，有关创业企业行为模式的研究将为创业企业的运营决策提供更好的参考。

参考文献

[1] Horrell M, Litan R. After Inception: How Enduring is Job Creation by Startups. Kauffman Foundation Research Series: Firm Formation and Economic Growth, Kansas City, MO, 2010

[2] Schumpeter J A. The Theory of Economic Development: An Inquiry into Profits, Capital, Credit, Interest, and the Business Cycle. University of Illinois at Urbana – Champaign's Academy for Entrepreneurial Leadership Historical Research Reference in Entrepreneurship, 1934

[3] Lumpkin G T, Dess G G. Clarifying the Entrepreneurial Orientation Construct and Linking It to Performance. Academy of Management Review, 1996: 135 – 172

[4] Wiklund J, Shepherd D. Knowledge – Based Resources, Entrepreneurial Orientation, and the Performance of Small and Medium – Sized Businesses. Strategic Management Journal, 2003, 24 (13): 1307 – 1314

[5] Carland H, Carland J W, Hoy F. "Who is an Entrepreneur?" is a Question Worth Asking. Entrepreneurship: Critical Perspectives on Business and Management, 2002 (2): 178

[6] Miller D. The Correlates of Entrepreneurship in Three Types of Firms. Manage Sci, 1983, 29 (7): 770 – 791

[7] Chrisman J J, Bauerschmidt A, Hofer C W. The Determinants of New Venture Performance: An Extended Model. Entrepreneurship Theory and Prac-

tice, 1998（23）: 5 – 30

［8］ Zahra S A, Ireland R D, Hitt M A. International Expansion by New Venture Firms: International Diversity, Mode of Market Entry, Technological Learning, and Performance. Academy of Management journal, 2000: 925 – 950

［9］ 贺小刚, 沈瑜. 创业型企业的成长: 基于企业家团队资本的实证研究. 管理世界, 2008（1）: 82 – 95

［10］ Baldwin J R, Rafiquzzaman M. Selection Versus Evolutionary Adaptation: Learning and Post – Entry Performance. International Journal of Industrial Organization, 1995, 13（4）: 501 – 522

［11］ 刘星, 彭程. 负债融资与企业投资决策: 破产风险视角的互动关系研究. 管理工程学报, 2009（1）: 101 – 104

［12］ Greenberg K. Much Ado About Chrysler. Brandweek, 2001, 42（15）: 32 – 36

［13］ Swamidass P M, Newell W T. Manufacturing Strategy, Environmental Uncertainty and Performance: A Path Analytic Model. Manage Sci, 1987, 33（4）: 509 – 524

［14］ Adler P S, Goldoftas B, Levine D I. Flexibility Versus Efficiency? A Case Study of Model Changeovers in the Toyota Production System. Organization science, 1999, 10（1）: 43 – 68

［15］ Fine C H, Freund R M. Optimal Investment in Product – Flexible Manufacturing Capacity. Manage Sci, 1990, 36（4）: 449 – 466

［16］ Sommer S C, Loch C H. Selectionism and Learning in Projects with Complexity and Unforeseeable Uncertainty. Manage Sci, 2004, 50（10）: 1334 – 1347

［17］ Kavadias S, Sommer S C. The Effects of Problem Structure and Team Diversity On Brainstorming Effectiveness. Manage Sci, 2009, 55（12）: 1899 – 1913

［18］ Kornish L J, Ulrich K T. Opportunity Spaces in Innovation: Empirical Analysis of Large Samples of Ideas. Manage Sci, 2011, 57（1）: 107 – 128

[19] Ramachandran K, Krishnan V. Design Architecture and Introduction Timing for Rapidly Improving Industrial Products. Manufacturing & Service Operations Management, 2008, 10 (1): 149-171

[20] Siemsen E. The Hidden Perils of Career Concerns in R&D Organizations. Manage Sci, 2008, 54 (5): 863-877

[21] Bensoussan A, Cakanyildirim M, Feng Q, et al. Optimal Ordering Policies for Stochastic Inventory Problems with Observed Information Delays. Prod Oper Manag, 2009, 18 (5): 546-559

[22] Carrillo J E, Gaimon C. Managing Knowledge-Based Resource Capabilities Under Uncertainty. Manage Sci, 2004, 50 (11): 1504-1518

[23] Graves S C, Tomlin B T. Process Flexibility in Supply Chains. Manage Sci, 2003, 49 (7): 907-919

[24] Audretsch D B, Thurik A R. What's New About the New Economy? Sources of Growth in the Managed and Entrepreneurial Economies. Industrial and Corporate Change, 2001, 10 (1): 267-315

[25] Wiseman R M, Skilton P F. Divisions and Differences Exploring Publication Preferences and Productivity Across Management Subfields. Journal of Management Inquiry, 1999, 8 (3): 299-320

[26] Parker S C. The Economics of Entrepreneurship: What We Know and What We Don't. Now Publishers Inc, 2005

[27] Minniti M, Lévesque M. Recent Developments in the Economics of Entrepreneurship. Journal of Business Venturing, 2008, 23 (6): 603-612

[28] Katz J, Gartner W B. Properties of Emerging Organizations. Academy of Management Review, 1988: 429-441

[29] Brush C G, Manolova T S, Edelman L F. Properties of Emerging Organizations: An Empirical Test. Journal of Business Venturing, 2008, 23 (5): 547-566

[30] Manolova T S, Edelman L F, Brush C G, et al. Properties of Emer-

ging Organizations: Empirical Evidence From Norway. Small Business Economics, 2012, 39 (3): 763 - 781

[31] Eckhardt J T, Shane S, Delmar F. Multistage Selection and the Financing of New Ventures. Manage Sci, 2006, 52 (2): 220 - 232

[32] Shane S. Prior Knowledge and the Discovery of Entrepreneurial Opportunities. Organization Science, 2000, 11 (4): 448 - 469

[33] Kalnins A, Chung W. Social Capital, Geography, and Survival: Gujarati Immigrant Entrepreneurs in the Us Lodging Industry. Manage Sci, 2006, 52 (2): 233 - 247

[34] Acs Z J, Arenius P, Hay M. et al. Global Entrepreneurship Monitor, Executive Report. London Business School, Babson, 2004

[35] Shane S. Introduction to the Focused Issue On Entrepreneurship. Manage Sci, 2006, 52 (2): 155 - 159

[36] Lowz M B, Macmillan I C. Entrepreneurship: Past Research and Future Challenges. Journal of management, 1988, 14 (2): 139 - 161

[37] Amit R, Glosten L, Muller E. Challenges to Theory Development in Entrepreneurship Research. Journal of Management Studies, 1993, 30 (5): 815 - 834

[38] Shane S, Venkataraman S. The Promise of Entrepreneurship as a Field of Research. Academy of Management Review, 2000, 25 (1): 217 - 226

[39] Busenitz L W, West G P, Shepherd D, et al. Entrepreneurship Research in Emergence: Past Trends and Future Directions. Journal of management, 2003, 29 (3): 285 - 308

[40] Wang C L, Chugh H. Entrepreneurial Learning: Past Research and Future Challenges. International Journal of Management Reviews, 2013

[41] Krishnan V. Operations Management Opportunities in Technology Commercialization and Entrepreneurship. Prod Oper Manag, 2013

[42] 张玉利. 创业管理: 管理工作面临的新挑战, 南开管理评论, 2003, 6 (6): 4 - 7

[43] 蔡莉,费宇鹏,朱秀梅.基于流程视角的创业研究框架构建.管理科学学报,2006,9(1)

[44] 张玉利,杨俊.试论创业研究的学术贡献及其应用.外国经济与管理,2009(1):16-23

[45] 丁明磊,杨芳,王云峰.试析创业自我效能感及其对创业意向的影响.外国经济与管理,2009(5):1-7

[46] 陆园园,张红娟.中国创业问题研究文献回顾.管理世界,2009(6):158-167

[47] 余绍忠.创业绩效研究述评.外国经济与管理,2013(2):34-42

[48] Begley T M, Boyd D P. Psychological Characteristics Associated with Performance in Entrepreneurial Firms and Smaller Businesses. Journal of Business Venturing, 1988, 2(1): 79-93

[49] Busenitz L W, Barney J B. Differences Between Entrepreneurs and Managers in Large Organizations: Biases and Heuristics in Strategic Decision-Making. Journal of Business Venturing, 1997, 12(1): 9-30

[50] Chen C C, Greene P G, Crick A. Does Entrepreneurial Self-Efficacy Distinguish Entrepreneurs From Managers? Journal of Business Venturing, 1998, 13(4): 295-316

[51] Birch D. Job Creation in America: How Our Smallest Companies Put the Most People to Work. University of Illinois at Urbana-Champaign's Academy for Entrepreneurial Leadership Historical Research Reference in Entrepreneurship, 1987

[52] Carree M A, Thurik A R. The Impact of Entrepreneurship On Economic Growth, 2005: 437-471

[53] Wennekers S, Thurik R. Linking Entrepreneurship and Economic Growth. Small Business Economics, 1999, 13(1): 27-56

[54] Carree M, Van Stel A, Thurik R, et al. Economic Development and

Business Ownership: An Analysis Using Data of 23 Oecd Countries in the Period 1976 – 1996. Small Business Economics, 2002, 19 (3): 271 – 290

[55] Wong P K, Ho Y P, Autio E. Entrepreneurship, Innovation and Economic Growth: Evidence From Gem Data. Small Business Economics, 2005, 24 (3): 335 – 350

[56] Mc Mullen J S, Shepherd D A. Entrepreneurial Action and the Role of Uncertainty in the Theory of the Entrepreneur. Academy of Management Review, 2006, 31 (1): 132 – 152

[57] Mosey S, Wright M. From Human Capital to Social Capital: A Longitudinal Study of Technology – Based Academic Entrepreneurs. Entrepreneurship Theory and Practice, 2007, 31 (6): 909 – 935

[58] Shepherd D A. Venture Capitalists' Assessment of New Venture Survival. Manage Sci, 1999, 45 (5): 621 – 632

[59] Mcmahon R G, Holmes S, Hutchinson P J, et al. Small Enterprise Financial Management: Theory & Practice: Harcourt Brace Sydney. New South Wales, 1993

[60] Babich V, Sobel M J. Pre – Ipo Operational and Financial Decisions. Manage Sci, 2004, 50 (7): 935 – 948

[61] Bayus B L, Agarwal R. The Role of Pre – Entry Experience, Entry Timing, and Product Technology Strategies in Explaining Firm Survival. Manage Sci, 2007, 53 (12): 1887 – 1902

[62] Davidsson P, Honig B. The Role of Social and Human Capital Among Nascent Entrepreneurs. Journal of Business Venturing, 2003, 18 (3): 301 – 331

[63] Shan W. An Empirical Analysis of Organizational Strategies by Entrepreneurial High – Technology Firms. Strategic Management Journal, 1990, 11 (2): 129 – 139

[64] Zott C, Amit R. Business Model Design and the Performance of Entrepreneurial Firms. Organization Science, 2007, 18 (2): 181 – 199

［65］ Zimmerman M A, Zeitz G J. Beyond Survival：Achieving New Venture Growth by Building Legitimacy. Academy of Management Review, 2002, 27 (3)：414－431

［66］ Starr J A, Macmillan I. Resource Cooptation Via Social Contracting：Resource Acquisition Strategies for New Ventures. Strategic Management Journal, 1990 (11)：79－92

［67］ Hunt C S, Aldrich H E. Why Even Rodney Dangerfield Has a Home Page：Legitimizing the World Wide Web as a Medium for Commercial Endeavors. Annual Meeting of the Academy of Management, Cincinnati, OH, 1996

［68］ Cooper A C, Gimeno-Gascon F J, Woo C Y. Initial Human and Financial Capital as Predictors of New Venture Performance. Journal of Business Venturing, 1994, 9 (5)：371－395

［69］ Lee C, Lee K, Pennings J M. Internal Capabilities, External Networks, and Performance：A Study On Technology-Based Ventures. Strategic Management Journal, 2001, 22 (6－7)：615－640

［70］ Stam W, Elfring T. Entrepreneurial Orientation and New Venture Performance：The Moderating Role of Intra-and Extraindustry Social Capital. Academy of Management Journal, 2008, 51 (1)：97－111

［71］ 杜建华, 田晓明, 蒋勤峰. 基于动态能力的企业社会资本与创业绩效关系研究. 中国软科学, 2009 (2)：115－126

［72］ 姜翰, 金占明, 焦捷等. 不稳定环境下的创业企业社会资本与企业"原罪"——基于管理者社会资本视角的创业企业机会主义行为实证分析. 管理世界, 2009 (6)：102－114

［73］ 张玉利, 李乾文. 公司创业导向, 双元能力与组织绩效. 管理科学学报, 2009, 12 (1)：137－152

［74］ 马鸿佳, 董保宝, 葛宝山等. 创业导向, 小企业导向与企业绩效关系研究. 管理世界, 2009 (9)：109－115

［75］ 胡望斌, 张玉利. 新企业创业导向转化为绩效的新企业能力, 理

论模型与中国实证研究. 南开管理评论, 2011, 14 (1)

[76] 侯合银, 王浣尘. 高新技术创业企业可持续发展能力评价研究. 系统工程理论与实践, 2003 (8): 69 - 75

[77] 赵敏, 唐元虎, 李湛. 基于实物期权的科技创业企业并购价值评估研究. 管理科学, 2005 (5): 29 - 32

[78] 吴冰, 王重鸣. 高新技术创业企业生存分析. 管理评论, 2006 (4): 22 - 25

[79] 蔡莉, 柳青. 科技型创业企业集群共享性资源与创新绩效关系的实证研究. 管理工程学报, 2008 (2): 19 - 23

[80] Joglekar N, Lévesque M. The Role of Operations Management Across the Entrepreneurial Value Chain. Prod Oper Manag, 2012

[81] Shane S A, Ulrich K T. 50th Anniversary Article: Technological Innovation, Product Development, and Entrepreneurship in Management Science. Manage Sci, 2004, 50 (2): 133 - 144

[82] Babich V, Burnetas A N, Ritchken P H. Competition and Diversification Effects in Supply Chains with Supplier Default Risk. Manufacturing & Service Operations Management, 2007, 9 (2): 123 - 146

[83] Benz M. Entrepreneurship as a Non - Profit - Seeking Activity. International Entrepreneurship and Management Journal, 2009, 5 (1): 23 - 44

[84] Greenwald B C, Stiglitz J E. Asymmetric Information and the New Theory of the Firm: Financial Constraints and Risk Behavior. The American Economic Review, 1990, 80 (2): 160 - 165

[85] Hariharan S, Brush T H. Plant Scale in Entry Decisions: A Comparison of Start-Ups and Established Firm Entrants. Managerial and Decision Economics, 1999, 20 (7): 353 - 364

[86] Romanelli E. Environments and Strategies of Organization Start - Up: Effects on Early Survival. Administrative Science Quarterly, 1989: 369 - 387

[87] Wu B, Knott A M. Entrepreneurial Risk and Market Entry. Manage

Sci, 2006, 52 (9): 1315 – 1330

[88] Nickel M N, Rodriguez M C. A Review of Research on the Negative Accounting Relationship Between Risk and Return: Bowman's Paradox. Omega, 2002, 30 (1): 1 – 18

[89] Kickul J R, Griffiths M D, Jayaram J, et al. Operations Management, Entrepreneurship, and Value Creation: Emerging Opportunities in a Cross – Disciplinary Context. J Oper Manag, 2011, 29 (1): 78 – 85

[90] Boyer K K, Lewis M W. Competitive Priorities: Investigating the Need for Trade – Offs in Operations Strategy. Prod Oper Manag, 2002, 11 (1): 9 – 20

[91] Swink M, Hegarty W H. Core Manufacturing Capabilities and Their Links to Product Differentiation. International Journal of Operations & Production Management, 1998, 18 (4): 374 – 396

[92] Van Mieghem J A. Commissioned Paper: Capacity Management, Investment, and Hedging: Review and Recent Developments. Manufacturing & Service Operations Management, 2003, 5 (4): 269 – 302

[93] Terjesen S, Patel P C, Covin J G. Alliance Diversity, Environmental Context and the Value of Manufacturing Capabilities Among New High Technology Ventures. J Oper Manag, 2011, 29 (1): 105 – 115

[94] Patel P C. Role of Manufacturing Flexibility in Managing Duality of Formalization and Environmental Uncertainty in Emerging Firms. J Oper Manag, 2011, 29 (1): 143 – 162

[95] Boyabatl1 O, Toktay L B. Stochastic Capacity Investment and Flexible vs. Dedicated Technology Choice in Imperfect Capital Markets. Manage Sci, 2011, 57 (12): 2163 – 2179

[96] Swinney R, Cachon G P, Netessine S. Capacity Investment Timing by Start – Up and Established Firms in New Markets. Manage Sci, 2011, 57 (4): 763 – 777

［97］Archibald T W, Thomas L C, Possani E. Keep Or Return? Managing Ordering and Return Policies in Start – Up Companies. Eur J Oper Res, 2007, 179（1）：97 – 113

［98］Archibald T W, Thomas L C, Betts J M, et al. Should Start – Up Companies be Cautious? Inventory Policies Which Maximise Survival Probabilities, Manage Sci, 2002, 48（9）：1161 – 1174

［99］Birge J R, Zhang R Q. Risk – Neutral Option Pricing Methods for Adjusting Constrained Cash Flows. The Engineering Economist, 1999, 44（1）：36 – 49

［100］Lai G, Debo L G, Sycara K. Sharing Inventory Risk in Supply Chain：The Implication of Financial Constraint. Omega, 2009, 37（4）：811 – 825

［101］Corbett C, Fransoo J. Entrepreneurs and Newsvendors：Do Small Businesses Follow the Newsvendor Logic When Making Inventory Decisions? Available at SSRN 1009330, 2007

［102］Larson A. Network Dyads in Entrepreneurial Settings：A Study of the Governance of Exchange Relationships. Administrative Science Quarterly, 1992：76 – 104

［103］Madhok A, Tallman S B. Resources, Transactions and Rents：Managing Value through Interfirm Collaborative Relationships, Organization Science, 1998, 9（3）：326 – 339

［104］Wagner S M, Eggert A, Lindemann E. Creating and Appropriating Value in Collaborative Relationships. Journal of Business Research, 2010, 63（8）：840 – 848

［105］Fine C H. Clockspeed：Winning Industry Control in the Age of Temporary Advantage. Basic Books, 1998

［106］Mendelson H. Organizational Architecture and Success in the Information Technology Industry. Manage Sci, 2000, 46（4）：513 – 529

［107］Mosakowski E. Entrepreneurial Resources, Organizational Choices, and Competitive Outcomes. Organization Science, 1998, 9 (6): 625-643

[108] Lowe R A, Ziedonis A A. Overoptimism and the Performance of Entrepreneurial Firms. Manage Sci, 2006, 52 (2): 173-186

[109] Hora M, Dutta D K. Entrepreneurial Firms and Downstream Alliance Partnerships: Impact of Portfolio Depth and Scope On Technology Innovation and Commercialization Success. Prod Oper Manag, 2012

[110] Wei M M, Yao T, Jiang B, et al. Profit Seeking vs. Survival Seeking: An Analytical Study of Supplier's Behavior and Buyer's Subsidy Strategy. Prod Oper Manag, 2012

[111] Fisher M L. What is the Right Supply Chain for Your Product? Harvard Business Review, 1997 (75): 105-117

[112] Zelenovi D M. Flexibility—a Condition for Effective Production Systems. The International Journal of Production Research, 1982, 20 (3): 319-337

[113] Nof S Y, Barash M M, Solberg J J. Operational Control of Item Flow in Versatile Manufacturing Systems. Int J Prod Res, 1979, 17 (5): 479-489

[114] Jones R A, Ostroy J M. Flexibility and Uncertainty. The Review of Economic Studies, 1984, 51 (1): 13-32

[115] Slack N. The Flexibility of Manufacturing Systems. International Journal of Operations & Production Management, 1987, 7 (4): 35-45

[116] Adam E E, Swamidass P M. Assessing Operations Management From a Strategic Perspective. Journal of Management, 1989, 15 (2): 181-203

[117] Bolwijn P T, Kumpe T. Manufacturing in the 1990s—Productivity, Flexibility and Innovation. Long Range Planning, 1990, 23 (4): 44-57

[118] Sethi A K, Sethi S P. Flexibility in Manufacturing: A Survey. Int J Flex Manuf Sys, 1990, 2 (4): 289-328

[119] De Toni A, Tonchia S. Manufacturing Flexibility: A Literature Review. Int J Prod Res, 1998, 36 (6): 1587-1617

[120] Barad M. Flexibility Development - a Personal Retrospective. Int J

Prod Res, 2013, (ahead – of – print): 1 – 14

[121] De Groote X. The Flexibility of Production Processes: A General Framework. Manage Sci, 1994, 40 (7): 933 – 945

[122] Slack N. Manufacturing Systems Flexibility – an Assessment Procedure. Computer Integrated Manufacturing Systems, 1988, 1 (1): 25 – 31

[123] Gupta Y P, Goyal S. Flexibility of Manufacturing Systems: Concepts and Measurements. Eur J Oper Res, 1989, 43 (2): 119 – 135

[124] Brill P H, Mandelbaum M. On Measures of Flexibility in Manufacturing Systems. The International Journal of Production Research, 1989, 27 (5): 747 – 756

[125] Mandelbaum M, Buzacott J. Flexibility and Decision Making. Eur J Oper Res, 1990, 44 (1): 17 – 27

[126] Ramasesh R V, Jayakumar M D. Measurement of Manufacturing Flexibility: A Value Based Approach. J Oper Manag, 1991, 10 (4): 446 – 468

[127] Koste L L, Malhotra M K. A Theoretical Framework for Analyzing the Dimensions of Manufacturing Flexibility. J Oper Manag, 1999, 18 (1): 75 – 93

[128] Srivastava S K, Bansal S. Measuring and Comparing Volume Flexibility Across Indian Firms. International Journal of Business Performance Management, 2013, 14 (1): 38 – 51

[129] Eisenhardt K M, Martin J A. Dynamic Capabilities: What are They? Strategic Management Journal, 2000, 21 (10 – 11): 1105 – 1121

[130] Buzacott J A, Yao D D. Flexible Manufacturing Systems: A Review of Analytical Models. Manage Sci, 1986, 32 (7): 890 – 905

[131] Buzacott J A, Shanthikumar J G. Models for Understanding Flexible Manufacturing Systems. AIIE transactions, 1980, 12 (4): 339 – 350

[132] Gunn T G. The Mechanization of Design and Manufacturing. Sci Am, 1982 (247): 114 – 130

[133] Williamson D. The Pattern of Batch Manufacture and Its Influence

On Machine Tool Design. Proceedings of the Institution of Mechanical Engineers, 1967, 182 (1): 870 - 895

[134] Dupont - Gatelmand C. A Survey of Flexible Manufacturing Systems. J Manuf Syst, 1982, 1 (1): 1 - 16

[135] Beach R, Muhlemann A P, Price D, et al. A Review of Manufacturing Flexibility. Eur J Oper Res, 2000, 122 (1): 41 - 57

[136] De Meyer A, Nakane J, Miller J G, et al. Flexibility: The Next Competitive Battle the Manufacturing Futures Survey. Strategic Management Journal, 1989, 10 (2): 135 - 144

[137] Fiegenbaum A, Karnani A. Output Flexibility—a Competitive Advantage for Small Firms. Strategic Management Journal, 1991, 12 (2): 101 - 114

[138] Berry W L, Cooper M C. Manufacturing Flexibility: Methods for Measuring the Impact of Product Variety On Performance in Process Industries. J Oper Manag, 1999, 17 (2): 163 - 178

[139] Fernandes R, Gouveia J B, Pinho C. Product Mix Strategy and Manufacturing Flexibility. J Manuf Syst, 2012, 31 (3): 301 - 311

[140] Kumar R L, Stylianou A C. A Process Model for Analyzing and Managing Flexibility in Information Systems. Eur J Inform Syst, 2013

[141] Kim B, Park C. Firms' Integrating Efforts to Mitigate the Trade off Between Controllability and Flexibility. Int J Prod Res, 2013, 51 (4): 1258 - 1278

[142] Van Mieghem J A. Risk Mitigation in Newsvendor Networks: Resource Diversification, Flexibility, Sharing, and Hedging. Manage Sci, 2007, 53 (8): 1269 - 1288

[143] Chang S, Yang C, Cheng H, et al. Manufacturing Flexibility and Business Strategy: An Empirical Study of Small and Medium Sized Firms. Int J Prod Econ, 2003, 83 (1): 13 - 26

[144] Gupta Y P, Somers T M. Business Strategy, Manufacturing Flexibility, and Organizational Performance Relationships: A Path Analysis Approach.

Prod Oper Manag, 1996, 5 (3): 204-233

[145] Calantone R. Supply Chain Flexibility: An Empirical Study. Journal of Supply Chain Management, 1999, 35 (3): 16-24

[146] Hallgren M, Olhager J. Flexibility Configurations: Empirical Analysis of Volume and Product Mix Flexibility. Omega, 2009, 37 (4): 746-756

[147] Sawhney R. Interplay between Uncertainty and Flexibility across the Value-Chain: Towards a Transformation Model of Manufacturing Flexibility. J Oper Manag, 2006, 24 (5): 476-493

[148] Sanchez R. Strategic Flexibility in Product Competition. Strategic Management Journal, 1995, 16 (S1): 135-159

[149] Iravani S M, Kolfal B, Van Oyen M P. Process Flexibility and Inventory Flexibility Via Product Substitution. Flexible Services and Manufacturing Journal, 2012 (2): 1-24

[150] Davidsson P, Low M, Wright M. Editors' Introduction: Low and Macmillan Ten Years On - Achievements and Future Directions for Entrepreneurship Research. Entrepreneurship Theory and Practice, 2001, 25 (4): 5-16

[151] Mowery D C, Shane S. Introduction to the Special Issue On University Entrepreneurship and Technology Transfer. Manage Sci, 2002, 48 (1): 5-9

[152] De Bruin A, Brush C G, Welter F. Introduction to the Special Issue: Towards Building Cumulative Knowledge On Women's Entrepreneurship. Entrepreneurship Theory and Practice, 2006, 30 (5): 585-593

[153] Ucbasaran D, Westhead P, Wright M. The Focus of Entrepreneurial Research: Contextual and Process Issues. Entrepreneurship Theory and Practice, 2001, 25 (4): 57-80

[154] Acs Z J, Audretsch D B. Introduction to the Handbook of Entrepreneurship Research, 2005: 3-20

[155] Tanr Sever F, Erzurumlu S S, Joglekar N. Production, Process Investment, and the Survival of Debt-Financed Startup Firms. Prod Oper Manag,

2012, 21 (4): 637-652

[156] Hand J R. Give Everyone a Prize? Employee Stock Options in Private Venture-Backed Firms. Journal of Business Venturing, 2008, 23 (4): 385-404

[157] Gerwin D. Manufacturing Flexibility: A Strategic Perspective, Manage Sci, 1993, 39 (4): 395-410

[158] Upton D. The Management of Manufacturing Flexibility. California Management Review, 1994, 36 (2): 72-89

[159] 黄卫来, 张子刚, 马辉民等. 基于产量柔性的经济生产批量模型研究, 管理工程学报, 1998 (3): 55-60

[160] 黄卫来, 张子刚, 刘运哲. 产量柔性下的最优生产批量和原材料订购决策模型. 系统工程, 1998 (1): 44-50

[161] Cachon G P, Swinney R. The Value of Fast Fashion: Quick Response, Enhanced Design, and Strategic Consumer Behavior. Manage Sci, 2011, 57 (4): 778-795

[162] Cachon G P, Swinney R. Purchasing, Pricing, and Quick Response in the Presence of Strategic Consumers. Manage Sci, 2009, 55 (3): 497-511

[163] Swinney R. Selling to Strategic Consumers When Product Value is Uncertain: The Value of Matching Supply and Demand. Manage Sci, 2011, 57 (10): 1737-1751

[164] Caro F, Martínez-De-Albéniz V. The Impact of Quick Response in Inventory-Based Competition. Manufacturing & Service Operations Management, 2010, 12 (3): 409-429

[165] Markman G D, Phan P H, Balkin D B, et al. Entrepreneurship and University-Based Technology Transfer. Journal of Business Venturing, 2005, 20 (2): 241-263

[166] Audretsch D B, Keilbach M C, Lehmann E E. Entrepreneurship and Economic Growth. Oxford University Press, 2006

[167] Markman G D, Gianiodis P T, Phan P H, et al. Entrepreneurship From the Ivory Tower: Do Incentive Systems Matter? The Journal of Technology Transfer, 2004, 29 (3-4): 353-364

[168] Tang C, Tomlin B. The Power of Flexibility for Mitigating Supply Chain Risks. Int J Prod Econ, 2008, 116 (1): 12-27

[169] Chod J, Rudi N, Van Mieghem J A. Operational Flexibility and Financial Hedging: Complements Or Substitutes? Manage Sci, 2010, 56 (6): 1030-1045

[170] Lloréns F J, Molina L M, Verdú A J. Flexibility of Manufacturing Systems, Strategic Change and Performance. Int J Prod Econ, 2005, 98 (3): 273-289

[171] Chod J, Rudi N, Van Mieghem J A. Mix, Time, and Volume Flexibility. Valuation and Corporate Diversification, 2006

[172] Goyal M, Netessine S. Volume Flexibility, Product Flexibility, or Both: The Role of Demand Correlation and Product Substitution. Manufacturing & Service Operations Management, 2011, 13 (2): 180-193

[173] Tomlin B. On the Value of Mitigation and Contingency Strategies for Managing Supply Chain Disruption Risks. Manage Sci, 2006, 52 (5): 639-657

[174] 金永红, 奚玉芹, 叶中行. 风险投资中的逆向选择: 分离均衡式契约安排. 系统工程学报, 2002, 17 (6)

[175] Chao X, Chen J, Wang S. Dynamic Inventory Management with Cash Flow Constraints. Naval Research Logistics (NRL), 2008, 55 (8): 758-768

[176] Joglekar N R. Levesque M. Marketing, R&D, and Startup Valuation, Engineering Management. IEEE Transactions on, 2009, 56 (2): 229-242

[177] Possani E, Thomas L C, Archibald T W. Loans, Ordering and Shortage Costs in Start-Ups: A Dynamic Stochastic Decision Approach. J Oper Res Soc, 2003, 54 (5): 539-548

[178] Chod J, Rudi N, Van Mieghem J A. Mix, Time, and Volume Flexibility: Valuation and Corporate Diversification. 2006

[179] Malhotra M K, Mackelprang A W. Are Internal Manufacturing and External Supply Chain Flexibilities Complementary Capabilities? J Oper Manag, 2012, 30 (3): 180-200

[180] Goyal M, Netessine S. Strategic Technology Choice and Capacity Investment under Demand Uncertainty. Manage Sci, 2007, 53 (2): 192-207

[181] Chod J, Rudi N. Resource Flexibility with Responsive Pricing. Oper Res, 2005, 53 (3): 532-548

[182] Ceryan O, Sahin O, Duenyas I. Dynamic Pricing of Substitutable Products in the Presence of Capacity Flexibility. Manufacturing & Service Operations Management, 2013, 15 (1): 86-101

[183] 倪得兵, 戴春爱, 唐小我. 技术柔性、柔性生产与柔性技术的价值. 运筹与管理, 2011 (1): 179-185

[184] Gao G G, Hitt L M. Information Technology and Trademarks: Implications for Product Variety. Manage Sci, 2012, 58 (6): 1211-1226

[185] Parlaktürk A K. The Value of Product Variety When Selling to Strategic Consumers. Manufacturing & Service Operations Management, 2012, 14 (3): 371-385

[186] Babich V. Independence of Capacity Ordering and Financial Subsidies to Risky Suppliers. Manufacturing & Service Operations Management, 2010, 12 (4): 583-607

[187] Swinney R, Netessine S. Long-Term Contracts under the Threat of Supplier Default. Manufacturing & Service Operations Management, 2009, 11 (1): 109-127

[188] Walls M R, Dyer J S. Risk Propensity and Firm Performance: A Study of the Petroleum Exploration Industry. Manage Sci, 1996, 42 (7): 1004-1021

[189] Storey D J. Should We Abandon the Support to Start-Up Busines-

ses? Centre of Small and Medium Sized Enterprises, Warwick Business School, 1993

[190] Nesheim J L. High Tech Start - Up, Revised and Updated: The Complete Handbook for Creating Successful New High Tech Companies. Simon and Schuster, 2000

[191] Thomas L C, Possani E, Archibald T W. How Useful is Commonality? Inventory and Production Decisions to Maximize Survival Probability in Start - Ups. IMA Journal of Management Mathematics, 2003, 14 (4): 305 -320

[192] Sobel M J, Turcic D. Coordination of Inventory, Capital and Dividends in Nascent Firms, Weatherhead School. Case Western Reserve University, 2007

[193] Srinivasa Raghavan N R, Mishra V K. Short - Term Financing in a Cash - Constrained Supply Chain. Int J Prod Econ, 2011, 134 (2): 407 -412

[194] Chod J, Zhou J. Resource Flexibility and Capital Structure. Available at SSRN 1741284, 2012

[195] Moreno A, Terwiesch C. Pricing and Production Flexibility: An Empirical Analysis of the Us Automotive Industry. Available at SSRN 2188246, 2012

[196] Anderson E G, Parker G G. Integration and Cospecialization of Emerging Complementary Technologies by Startups. Prod Oper Manag, 2013

[197] Devaraj S, Vaidyanathan G, Misra A N. Effect of Purchase Volume Flexibility and Purchase Mix Flexibility On E - Procurement Performance: An Analysis of Two Perspectives. J Oper Manag, 2012

[198] Guneri A F, Kuzu A, Taskin Gumus A. Flexible Kanbans to Enhance Volume Flexibility in a Jit Environment: A Simulation Based Comparison Via Anns. Int J Prod Res, 2009, 47 (24): 6807 -6819

[199] Walter M, Sommer - Dittrich T, Zimmermann J. Evaluating Volume Flexibility Instruments by Design - of - Experiments Methods. Int J Prod Res,

2011, 49 (6): 1731-1752

[200] Phan P, Chambers C. Advancing Theory in Entrepreneurship From the Lens of Operations Management. Prod Oper Manag, 2012

[201] Azadegan A, Patel P C, Parida V. Operational Slack and Venture Survival. Prod Oper Manag, 2013, 22 (1): 1-18

[202] Wu L, Park D, Chinta R, et al. Global Entrepreneurship and Supply Chain Management: A Chinese Exemplar. Journal of Chinese Entrepreneurship, 2010, 2 (1): 36-52

[203] Katok E, Wu D Y. Contracting in Supply Chains: A Laboratory Investigation. Manage Sci, 2009, 55 (12): 1953-1968

[204] Su X. Bounded Rationality in Newsvendor Models. Manufacturing & Service Operations Management, 2008, 10 (4): 566-589

附 录

附录1 第三章数值实验 matlab 软件程序代码

```
c = 1;
a1 = 10;
a2 = 15;
a3 = 20;
f = 0.1: 0.1: 0.6
b1 = c + (4 * a1 - c^2./f).^0.5 - 2 * a1^0.5
b2 = c + (4 * a2 - c^2./f).^0.5 - 2 * a2^0.5
b3 = c + (4 * a3 - c^2./f).^0.5 - 2 * a3^0.5
plot (f, b1,' - k')
hold on;
plot (f, b2,' - - k')
hold on;
plot (f, b3,': k')
```

```
c = 1.1;
a1 = 10;
a2 = 15;
a3 = 20;
f = 0.1: 0.1: 0.6
b1 = c + (4 * a1 - c^2./f) .^0.5 - 2 * a1^0.5
b2 = c + (4 * a2 - c^2./f) .^0.5 - 2 * a2^0.5
b3 = c + (4 * a3 - c^2./f) .^0.5 - 2 * a3^0.5
plot (f, b1,' - k')
hold on;
plot (f, b2,' - - k')
hold on;
plot (f, b3,': k')


c = 1.2;
a1 = 10;
a2 = 15;
a3 = 20;
f = 0.1: 0.1: 0.6
b1 = c + (4 * a1 - c^2./f) .^0.5 - 2 * a1^0.5
b2 = c + (4 * a2 - c^2./f) .^0.5 - 2 * a2^0.5
b3 = c + (4 * a3 - c^2./f) .^0.5 - 2 * a3^0.5
plot (f, b1,' - k')
hold on;
plot (f, b2,' - - k')
hold on;
plot (f, b3,': k')
```

c = 1;
a = 10;
f = 0.1: 0.1: 0.6
b = a^0.5 - (a - c^2./(4*f)).^0.5 + c./(2.*f)
plot (f, k)

c = 1.1;
a = 10;
f = 0.1: 0.1: 0.6
b = a^0.5 - (a - c^2./(4*f)).^0.5 + c./(2.*f)
plot (f, k)

c = 1.2;
a = 10;
f = 0.1: 0.1: 0.6
b = a^0.5 - (a - c^2./(4*f)).^0.5 + c./(2.*f)
plot (f, k)

附录2 第四章数值实验 matlab 软件程序代码

c2 = 6;
a = 10;
f = 2.5;
u = 20;

c1 = 3：0.5：6；

d1 = 4 * (f + 1) ^2 − 1；

d2 = 16 * f^3 + 40 * f^2 + 32 * f + 9；

d3 = 16 + f^3 + 44 * f^2 + 36 * f + 9；

s2 = c2 − (3 * sqrt (a) * (2 * f + 1) − (3 * f + 2) * sqrt (4 * a − (c2) ^2/f)) / (4 * f + 3)

s1 = (f + 1) * ((u − sqrt (a) − c1) .^2 − 2 * c2 * (u − sqrt (2 * a)) − (f + 1) * (c2) ^2/f) − (u − 3 * f^2) * (u − sqrt (2 * a)) ^2/f

s3 = − d3 * (− c2 * sqrt (d2) + 4 * f^0.5 * (f + 1) ^1.5 * sqrt (4 * a * f − c2^2)) / (d2^1.5) − c2 * d1^2/ (2 * d2 * (f + 1)) + 4 * u * f * (f + 1) * (2 * f + 1) /d2 + d1^2 * sqrt (4 * a * f − c2^2) / (4 * sqrt (d2 * f) * (f + 1) ^1.5) − u * f/ (2 * (f + 1)) + c2/2 − sqrt (2 * a)

s4 = (2 * f + 3) ^2/ (f + 1) * (((2 * f + 1) * u − 2 * (f + 1) * c1 + c2 − (4 * f^2 * a − f * c2^2) ^0.5) .^2/ (8 * (f + 1) * (2 * f + 1)) − (c2 * d1.^2 − 8 * u * f * (f + 1) ^2 * (2 * f + 1)) ^2/ (4 * f * d1^2 * d2) − 2 * u * (f + 1) * (2 * f + 1) * c2/d2 − (64 * a * f^2 * (f + 1) ^4 − c2^2 * (f + 1) * (d1^2 + 2 * (2 * f + 1) * d2)) / (d2^2) − 8 * f^0.5 * (f + 1) ^2.5 * (2 * f + 1) * (c2 − u) * (4 * a * f − c2^2) ^0.5/ (d2.^1.5)) − u^2

s44 = (2 * f + 3) ^2/ (f + 1) * (((2 * f + 1) * u − 2 * (f + 1) * s2 + c2 − (4 * f^2 * a − f * c2^2) ^0.5) .^2/ (8 * (f + 1) * (2 * f + 1)) − (c2 * d1.^2 − 8 * u * f * (f + 1) ^2 * (2 * f + 1)) ^2/ (4 * f * d1^2 * d2) − 2 * u * (f + 1) * (2 * f + 1) * c2/d2 − (64 * a * f^2 * (f + 1) ^4 − c2^2 * (f + 1) * (d1^2 + 2 * (2 * f + 1) * d2)) / (d2^2) − 8 * f^0.5 * (f + 1) ^2.5 * (2 * f + 1) * (c2 − u) * (4 * a * f − c2^2) ^0.5/ (d2.^1.5)) − u^2

plot (c1, s1,'− − k')；

hold on;

A = [s2, s2];

B = [0, s44];

plot (A, B,': k');

hold on;

plot (c1, s4,' - k')

c2 = 6;

a = 10;

f = 3;

u = 20;

c1 = 3: 0.5: 6;

d1 = 4 * (f + 1) ^2 - 1;

d2 = 16 * f^3 + 40 * f^2 + 32 * f + 9;

d3 = 16 + f^3 + 44 * f^2 + 36 * f + 9;

s2 = c2 - (3 * sqrt (a) * (2 * f + 1) - (3 * f + 2) * sqrt (4 * a - (c2) ^2/f)) / (4 * f + 3)

s1 = (f + 1) * ((u - sqrt (a) - c1) .^2 - 2 * c2 * (u - sqrt (2 * a))) - (f + 1) * (c2) ^2/f - (u - 3 * f^2) * (u - sqrt (2 * a)) ^2/f

s11 = (f + 1) * ((u - sqrt (a) - s2) .^2 - 2 * c2 * (u - sqrt (2 * a))) - (f + 1) * (c2) ^2/f - (u - 3 * f^2) * (u - sqrt (2 * a)) ^2/f

s3 = - d3 * (- c2 * sqrt (d2) + 4 * f^0.5 * (f + 1) ^1.5 * sqrt (4 * a * f - c2^2)) / (d2^1.5) - c2 * d1^2/ (2 * d2 * (f + 1)) + 4 * u * f * (f + 1) * (2 * f + 1) /d2 + d1^2 * sqrt (4 * a * f - c2^2) / (4 * sqrt (d2 * f) * (f + 1) ^1.5) - u * f/ (2 * (f + 1)) + c2/2 - sqrt (2 * a)

c14 = s2: 0.1: 6

s4 = (2*f+3)^2/(f+1)*(((2*f+1)*u-2*(f+1)*c14+c2-(4*f^2*a-f*c2^2)^0.5).^2/(8*(f+1)*(2*f+1))-(c2*d1.^2-8*u*f*(f+1)^2*(2*f+1))^2/(4*f*d1^2*d2)-2*u*(f+1)*(2*f+1)*c2/d2-(64*a*f^2*(f+1)^4-c2^2*(f+1)*(d1^2+2*(2*f+1)*d2))/(d2^2)-8*f^0.5*(f+1)^2.5*(2*f+1)*(c2-u)*(4*a*f-c2^2)^0.5/(d2.^1.5))-u^2

 plot(c1,s1,'--k');
 hold on;
 A = [s2, s2];
 B = [0, s11];
 plot(A, B,':k');
 hold on;
 plot(c14, s4,'-k')

 c2 = 6;
 a = 10;
 f = 3.5;
 u = 20;
 c1 = 3: 0.5: 6;
 d1 = 4*(f+1)^2-1;
 d2 = 16*f^3+40*f^2+32*f+9;
 d3 = 16+f^3+44*f^2+36*f+9;
 s2 = c2-(3*sqrt(a)*(2*f+1)-(3*f+2)*sqrt(4*a-(c2)^2/f))/(4*f+3)
 s1 = (f+1)*((u-sqrt(a)-c1).^2-2*c2*(u-sqrt(2*a))-(f+1)*(c2)^2/f)-(u-3*f^2)*(u-sqrt(2*a))^2/f

附 录

s11 = (f+1) * ((u-sqrt(a) -s2).^2-2*c2* (u-sqrt(2* a)) - (f+1) * (c2)^2/f) - (u-3*f^2) * (u-sqrt(2*a))^2/f

s3 = -d3* (-c2*sqrt(d2) +4*f^0.5* (f+1)^1.5*sqrt(4* a*f-c2^2)) / (d2^1.5) -c2*d1^2/ (2*d2* (f+1)) +4*u*f* (f+1) * (2*f+1) /d2+d1^2*sqrt(4*a*f-c2^2) / (4*sqrt(d2 *f) * (f+1)^1.5) -u*f/ (2* (f+1)) +c2/2-sqrt(2*a)

c14 = s2: 0.1: 6

s4 = (2*f+3)^2/ (f+1) * (((2*f+1) *u-2* (f+1) * c14+c2- (4*f^2*a-f*c2^2)^0.5).^2/ (8* (f+1) * (2*f+ 1)) - (c2*d1.^2-8*u*f* (f+1)^2* (2*f+1))^2/ (4*f*d1^ 2*d2) -2*u* (f+1) * (2*f+1) *c2/d2- (64*a*f^2* (f+ 1)^4-c2^2* (f+1) * (d1^2+2* (2*f+1) *d2)) / (d2^2) -8 *f^0.5* (f+1)^2.5* (2*f+1) * (c2-u) * (4*a*f-c2^2)^ 0.5/ (d2.^1.5)) -u^2

plot (c1, s1,'--k');

hold on;

A = [s2, s2];

B = [0, s11];

plot (A, B,': k');

hold on;

plot (c14, s4,'-k')

附录3 第五章数值实验 matlab 软件程序代码

```
u = 10
D = 20;
c2 = 2: 0.5: 5;
a = 40;
x1 = (D + (8 * a - (D - 2. * c2) .^2) .^0.5) /2
x2 = (D - (8 * a - (D - 2. * c2) .^2) .^0.5) /2
for i = 1: 7
    y (i) = normcdf (x1 (i), 10, 6) - normcdf (x2 (i), 10, 6)
    z (i) = (D - (8 * a - ( - D + 2 * norminv (y (i), 10, 6)) ^2) ^ 0.5) /2
end
plot (c2, z,'k - o')
hold on;
D = 20;
c2 = 2: 0.5: 5;
a1 = 42;
x1 = (D + (8 * a1 - (D - 2. * c2) .^2) .^0.5) /2
x2 = (D - (8 * a1 - (D - 2. * c2) .^2) .^0.5) /2
for i = 1: 7
    y (i) = normcdf (x1 (i), 10, 6) - normcdf (x2 (i), 10, 6)
    z1 (i) = (D - (8 * a1 - ( - D + 2 * norminv (y (i), 10, 6)) ^2) ^0.5) /2
```

end

plot（c2, z1,'k-x'）

hold on;

D=20;

c2=2:0.5:5;

a2=44;

x1=（D+（8*a2-（D-2.*c2）.^2）.^0.5）/2

x2=（D-（8*a2-（D-2.*c2）.^2）.^0.5）/2

for i=1:7

 y（i）=normcdf（x1（i），10，6）-normcdf（x2（i），10，6）

z2（i）=（D-（8*a2-（-D+2*norminv（y（i），10，6））^2）

^0.5）/2

end

plot（c2, z2,'k-d'）

hold on;

D=20;

c2=2:0.5:5;

a3=46;

x1=（D+（8*a3-（D-2.*c2）.^2）.^0.5）/2

x2=（D-（8*a3-（D-2.*c2）.^2）.^0.5）/2

for i=1:7

 y（i）=normcdf（x1（i），10，6）-normcdf（x2（i），10，6）

z3（i）=（D-（8*a3-（-D+2*norminv（y（i），10，6））^2）

^0.5）/2

end

plot（c2, z3,'k-*'）

hold on;

D=20;

制造型创业企业柔性生产技术选择与产能决策研究

c2 = 2：0.5：5；

a4 = 48；

x1 = (D + (8 * a4 - (D - 2. * c2) .^2) .^0.5) /2

x2 = (D - (8 * a4 - (D - 2. * c2) .^2) .^0.5) /2

for i = 1：7

  y (i) = normcdf (x1 (i), 10, 6) - normcdf (x2 (i), 10, 6)

z4 (i) = (D - (8 * a4 - (-D + 2 * norminv (y (i), 10, 6)) ^2) ^0.5) /2

end

plot (c2, z4, 'k - ^')

D = 20；

c2 = 2：0.5：5；

a = 40；

x1 = (D + (8 * a - (D - 2. * c2) .^2) .^0.5) /2

x2 = (D - (8 * a - (D - 2. * c2) .^2) .^0.5) /2

for i = 1：7

  y (i) = normcdf (x1 (i), 10, 7) - normcdf (x2 (i), 10, 7)

z (i) = (D - (8 * a - (-D + 2 * norminv (y (i), 10, 7)) ^2) ^0.5) /2

end

plot (c2, z, 'k - o')

hold on；

D = 20；

c2 = 2：0.5：5；

a1 = 42；

x1 = (D + (8 * a1 - (D - 2. * c2) .^2) .^0.5) /2

x2 = (D - (8 * a1 - (D - 2. * c2) .^2) .^0.5) /2

```
for i = 1:7
    y(i) = normcdf(x1(i),10,7) - normcdf(x2(i),10,7)
    z1(i) = (D - (8*a1 - (-D + 2*norminv(y(i),10,7))^2)^0.5)/2
end
plot(c2,z1,'k-x')
hold on;
D = 20;
c2 = 2:0.5:5;
a2 = 44;
x1 = (D + (8*a2 - (D - 2.*c2).^2).^0.5)/2
x2 = (D - (8*a2 - (D - 2.*c2).^2).^0.5)/2
for i = 1:7
    y(i) = normcdf(x1(i),10,7) - normcdf(x2(i),10,7)
    z2(i) = (D - (8*a2 - (-D + 2*norminv(y(i),10,7))^2)^0.5)/2
end
plot(c2,z2,'k-d')
hold on;
D = 20;
c2 = 2:0.5:5;
a3 = 46;
x1 = (D + (8*a3 - (D - 2.*c2).^2).^0.5)/2
x2 = (D - (8*a3 - (D - 2.*c2).^2).^0.5)/2
for i = 1:7
    y(i) = normcdf(x1(i),10,7) - normcdf(x2(i),10,7)
    z3(i) = (D - (8*a3 - (-D + 2*norminv(y(i),10,7))^2)^0.5)/2
```

```
end
plot（c2,z3,'k－*'）
hold on;
D=20;
c2=2:0.5:5;
a4=48;
x1=（D+（8*a4-（D-2.*c2）.^2）.^0.5）/2
x2=（D-（8*a4-（D-2.*c2）.^2）.^0.5）/2
for i=1:7
    y（i）=normcdf（x1（i）,10,7）-normcdf（x2（i）,10,7）
    z4（i）=（D-（8*a4-（-D+2*norminv（y（i）,10,7））^2）^0.5）/2
end
plot（c2,z4,'k-^'）


D=20;
c2=2:0.5:5;
a=40;
x1=（D+（8*a-（D-2.*c2）.^2）.^0.5）/2
x2=（D-（8*a-（D-2.*c2）.^2）.^0.5）/2
for i=1:7
    y（i）=normcdf（x1（i）,10,8）-normcdf（x2（i）,10,8）
    z（i）=（D-（8*a-（-D+2*norminv（y（i）,10,8））^2）^0.5）/2
end
plot（c2,z,'k-o'）
hold on;
D=20;
```

c2 = 2: 0.5: 5;

a1 = 42;

x1 = (D + (8 * a1 - (D - 2. * c2) .^2) .^0.5) /2

x2 = (D - (8 * a1 - (D - 2. * c2) .^2) .^0.5) /2

for i = 1: 7

 y (i) = normcdf (x1 (i), 10, 8) - normcdf (x2 (i), 10, 8)

z1 (i) = (D - (8 * a1 - (- D + 2 * norminv (y (i), 10, 8)) ^2) ^0.5) /2

end

plot (c2, z1, 'k - x')

hold on;

D = 20;

c2 = 2: 0.5: 5;

a2 = 44;

x1 = (D + (8 * a2 - (D - 2. * c2) .^2) .^0.5) /2

x2 = (D - (8 * a2 - (D - 2. * c2) .^2) .^0.5) /2

for i = 1: 7

 y (i) = normcdf (x1 (i), 10, 8) - normcdf (x2 (i), 10, 8)

z2 (i) = (D - (8 * a2 - (- D + 2 * norminv (y (i), 10, 8)) ^2) ^0.5) /2

end

plot (c2, z2, 'k - d')

hold on;

D = 20;

c2 = 2: 0.5: 5;

a3 = 46;

x1 = (D + (8 * a3 - (D - 2. * c2) .^2) .^0.5) /2

x2 = (D - (8 * a3 - (D - 2. * c2) .^2) .^0.5) /2

```
for i = 1: 7
    y (i) = normcdf (x1 (i), 10, 8) - normcdf (x2 (i), 10, 8)
z3 (i) = (D - (8 * a3 - (-D + 2 * norminv (y (i), 10, 8))^2)^0.5) /2
end
plot (c2, z3,'k - * ')
hold on;
D = 20;
c2 = 2: 0.5: 5;
a4 = 48;
x1 = (D + (8 * a4 - (D - 2. * c2).^2).^0.5) /2
x2 = (D - (8 * a4 - (D - 2. * c2).^2).^0.5) /2
for i = 1: 7
    y (i) = normcdf (x1 (i), 10, 8) - normcdf (x2 (i), 10, 8)
z4 (i) = (D - (8 * a4 - (-D + 2 * norminv (y (i), 10, 8))^2)^0.5) /2
end
plot (c2, z4,'k - ^')


D = 20;
D2 = 19;
D4 = 18;
c2 = 2: 0.5: 5;
y = D/2 - (6^2 + (D/2 - c2).^2).^0.5
y2 = D2/2 - (6^2 + (D2/2 - c2).^2).^0.5
y4 = D4/2 - (6^2 + (D4/2 - c2).^2).^0.5
plot (c2, y,'k - o');
hold on;
```

plot（c2，y2,'k－*'）

hold on；

plot（c2，y4,'k－d'）

D＝20；

D2＝19；

D4＝18；

c2＝2：0.5：5；

y＝D/2－（7^2＋（D/2－c2）.^2）.^0.5

y2＝D2/2－（7^2＋（D2/2－c2）.^2）.^0.5

y4＝D4/2－（7^2＋（D4/2－c2）.^2）.^0.5

plot（c2，y,'k－o'）；

hold on；

plot（c2，y2,'k－*'）

hold on；

plot（c2，y4,'k－d'）

D＝20；

D2＝19；

D4＝18；

c2＝2：0.5：5；

y＝D/2－（8^2＋（D/2－c2）.^2）.^0.5

y2＝D2/2－（8^2＋（D2/2－c2）.^2）.^0.5

y4＝D4/2－（8^2＋(D4/2－c2）.^2）.^0.5

plot（c2，y,'k－o'）；

hold on；

plot（c2，y2,'k－*'）

hold on；

plot（c2，y4,'k-d'）

附录4　第六章数值实验 matlab 软件程序代码

f=1: 0.1: 2;

s11 = -16.14213562 + (.1481481482.* (f-1)).* (97-7.*f) +8.0.* (25.00000000 - 0.5787037037e-1.* (16+2.*f).^2).^.5;

s12 = -17.89193338 + (.1481481482.* (f-1)).* (97-7.*f) +8.0.* (26.25000000 - 0.5787037037e-1.* (16+2.*f).^2).^.5;

s13 = -19.53320053 + (.1481481482.* (f-1)).* (97-7.*f) +8.0.* (27.50000000 - 0.5787037037e-1.* (16+2.*f).^2).^.5;

plot (f, s11,'k-s')

hold on;

plot (f, s12,'k-*');

hold on;

plot (f, s13,'k-o')

f=1: 0.1: 2;

s21 = -16.14213562 + (0.7407407410e-1.* (f-1)).* (97-7.*f) +5.0.* (40.00000000 - 0.7407407407e-1.* (16+2.*f).^2).^.5;

s22 = -17.25000000 + (0.7407407410e - 1. * (f - 1)) .* (97 - 7. * f) + 5.0. * (42.00000000 - 0.7407407407e - 1. * (16 + 2. * f) .^ 2) .^.5;

s23 = -18.31138830 + (0.7407407410e - 1. * (f - 1)) .* (97 - 7. * f) + 5.0. * (44.00000000 - 0.7407407407e - 1. * (16 + 2. * f) .^ 2) .^.5;

plot (f, s21,'k - s')

hold on;

plot (f, s22,'k - *');

hold on;

plot (f, s23,'k - o')

f = 1: 0.1: 2;

s31 = -11.00000000 + (0.2469135804e - 1. * (f - 1)) .* (97 - 7. * f) + 2.0. * (100.0000000 - .1543209877. * (16 + 2. * f) .^2) .^.5;

s32 = -11.58808848 + (0.2469135804e - 1. * (f - 1)) .* (97 - 7 * f) + 2.0. * (105.0000000 - .1543209877. * (16 + 2. * f) .^2) .^.5;

s33 = -12.15445115 + (0.2469135804e - 1. * (f - 1)) .* (97 - 7. * f) + 2.0. * (110.0000000 - .1543209877. * (16 + 2. * f) .^2) .^.5;

plot (f, s31,'k - s')

hold on;

plot (f, s32,'k - *');

hold on;

plot (f, s33,'k - o')

f = 1: 0.1: 2;

s001 = -24.92336167 + (.1481481482. * (f - 1)) .* (87 - 7. *

f) +9.6. * (25.00000000 -0.5787037037e-1. * (14+2. * f) .^2) . ^.5;

s01 = -20.54859299+(.1481481482. * (f-1)) . * (92-7. * f) +8.8. * (25.00000000-0.5787037037e-1. * (15+2. * f) .^2) . ^.5;

s11 = -16.14213562+(.1481481482. * (f-1)) . * (97-7. * f) +8.0. * (25.00000000-0.5787037037e-1. * (16+2. * f) .^2) . ^.5;

plot (f, s001,'k-s')

hold on;

plot (f, s01,'k- * ')

hold on;

plot (f, s11,'k-o')

f=1: 0.1: 2;

s002 = -22.08898899+(0.7407407410e-1. * (f-1)) . * (87-7. * f) +6.0. * (40.00000000-0.7407407407e-1. * (14+2. * f) .^2) .^.5;

s02 = -19.09347964+(0.7407407410e-1. * (f-1)) . * (92-7. * f) +5.5. * (40.00000000-0.7407407407e-1. * (15+2. * f) .^2) .^.5;

s21 = -16.14213562+(0.7407407410e-1. * (f-1)) . * (97-7. * f) +5.0. * (40.00000000-0.7407407407e-1. * (16+2. * f) .^2) .^.5;

plot (f, s002,'k-s')

hold on;

plot (f, s02,'k- * ')

hold on;

plot（f,s21,'k-o'）

f=1:0.1:2;

s003=-14.40920312+(0.2469135804e-1.*(f-1)).*(87-7.*f)+2.4.*(100.0000000-.1543209877.*(14+2.*f).^2).^.5;

s03=-12.68692739+(0.2469135804e-1.*(f-1)).*(92-7.*f)+2.2.*(100.0000000-.1543209877.*(15+2.*f).^2).^.5;

s31=-11.00000000+(0.2469135804e-1.*(f-1)).*(97-7.*f)+2.0.*(100.0000000-.1543209877.*(16+2.*f).^2).^.5;

plot（f,s003,'k-s'）
hold on;
plot（f,s03,'k-*'）
hold on;
plot（f,s31,'k-o'）

附录5 第七章数值实验matlab软件程序代码

a=15;
d=10;
b=0.2;
t=4;

c = 0.5: 0.05: 1;

c1 = d/2 - (2 * b * a + (1 - b) * d^2./(4. * (2. * c + 1 + b)) + (1 - b).* (d. * c - (2. * c + 1 + b).* t).^2./(2. * c. * (2. * c + 1 + b) * (1 + b))).^0.5

c2 = d. * c./(2. * (1 + c + b)) - ((8. * (1 + c + b).* (d. * c - (2. * c + 1 + b).* t).^2 - (1 + b) * d^2. * c.^2)./(2. * c + 1 + b)).^0.5./(4. * (1 + c + b))

c3 = (d. * c - (c. * (1 + b).* ((1 + c + b).* (d - 2. * c1).^2 - 8. * b. * a. * (1 + c + b) - d^2. * (1 - b))./(1 - b)).^0.5)./(2. * (1 + c + b))

c4 = (- 2. * b. * d. * c + (4. * b^2 * d^2. * c.^2 - 2. * (1 - 2 * b. * c - b^2).* b. * c. * (4 * (1 + b) * a - d^2)).^0.5)./(2 * (1 - 2 * b. * c - b^2))

plot (c, c1,'k - ');
hold on;
plot (c, c2,'k - - ');
hold on;
plot (c, c4,'k:');

a = 15;
d = 10;
b = 0.4;
t = 4;
c = 0.5: 0.05: 1;

c1 = d/2 - (2 * b * a + (1 - b) * d^2./(4. * (2. * c + 1 + b)) + (1 - b).* (d. * c - (2. * c + 1 + b).* t).^2./(2. * c. * (2. * c + 1 + b) * (1 + b))).^0.5

c2 = d. * c./(2. * (1 + c + b)) - ((8. * (1 + c + b).* (d. * c

\- (2. * c + 1 + b) . * t) .^2 - (1 + b) * d^2. * c.^2) ./ (2. * c + 1 + b)) .^0.5. / (4. * (1 + c + b))

c3 = (d. * c - (c. * (1 + b) . * ((1 + c + b) . * (d - 2. * c1) .^2 - 8. * b. * a. * (1 + c + b) - d^2. * (1 - b)) ./ (1 - b)) .^0.5) ./ (2. * (1 + c + b))

c4 = (-2. * b. * d. * c + (4. * b^2 * d^2. * c.^2 - 2. * (1 - 2 * b. * c - b^2) . * b. * c. * (4 * (1 + b) * a - d^2)) .^0.5) ./ (2 * (1 - 2 * b. * c - b^2))

plot (c, c1, 'k - ');
hold on;
plot (c, c2, 'k - - ');
hold on;
plot (c, c4, 'b');

a = 15;
d = 10;
b = 0.6;
t = 4;
c = 0.5: 0.05: 1;
c1 = d/2 - (2 * b * a + (1 - b) * d^2. / (4. * (2. * c + 1 + b)) + (1 - b) . * (d. * c - (2. * c + 1 + b) . * t) .^2. / (2. * c. * (2. * c + 1 + b) * (1 + b))) .^0.5

c2 = d. * c. / (2. * (1 + c + b)) - ((8. * (1 + c + b) . * (d. * c - (2. * c + 1 + b) . * t) .^2 - (1 + b) * d^2. * c.^2) ./ (2. * c + 1 + b)) .^0.5. / (4. * (1 + c + b))

c3 = (d. * c - (c. * (1 + b) . * ((1 + c + b) . * (d - 2. * c1) .^2 - 8. * b. * a. * (1 + c + b) - d^2. * (1 - b)) ./ (1 - b)) .^0.5) ./ (2. * (1 + c + b)) c4 = （ －2．＊b．＊d．＊c ＋ （4．＊b^2＊d^2．＊c．^2 －2．＊ （1 －2＊b．＊c －b^2） ．＊b．＊c．＊ （4＊ （1 ＋b） ＊a －d^2）） ．^0．5） ．/ （2＊ （1 －2＊b．＊c －b^2））

   plot（c，c1，'k －'）；
   hold on；
   plot（c，c2，'k －－'）；
   hold on；
   plot（c，c4，'k:'）；

   a ＝14；
   d ＝10；
   b ＝0．2；
   t ＝4；
   c ＝0．5：0．05：1；
   c1 ＝d/2 － （2＊b＊a ＋ （1 －b） ＊d^2．/ （4．＊ （2．＊c ＋1 ＋b）） ＋ （1 －b） ．＊ （d．＊c － （2．＊c ＋1 ＋b） ．＊t） ．^2．/ （2．＊c．＊ （2．＊c ＋1 ＋b） ＊ （1 ＋b））） ．^0．5
   c2 ＝d．＊c．/ （2．＊ （1 ＋c ＋b）） － （（8．＊ （1 ＋c ＋b） ．＊ （d．＊c － （2．＊c ＋1 ＋b） ．＊t） ．^2 － （1 ＋b） ＊d^2．＊c．^2） ．/ （2．＊c ＋1 ＋b）） ．^0．5．/ （4．＊ （1 ＋c ＋b））
   c4 ＝ （ －2．＊b．＊d．＊c ＋ （4．＊b^2＊d^2．＊c．^2 －2．＊ （1 －2＊b．＊c －b^2） ．＊b．＊c．＊ （4＊ （1 ＋b） ＊a －d^2）） ．^0．5） ．/ （2＊ （1 －2＊b．＊c －b^2））

   plot（c，c1，'k －'）；
   hold on；
   plot（c，c2，'k －－'）；
   hold on；
   plot（c，c4，'k:'）；

a = 16;

d = 10;

b = 0.2;

t = 4;

c = 0.5: 0.05: 1;

c1 = d/2 - (2*b*a + (1-b) *d^2./(4.*(2.*c+1+b)) + (1-b).*(d.*c-(2.*c+1+b).*t).^2./(2.*c.*(2.*c+1+b)*(1+b))).^0.5

c2 = d.*c./(2.*(1+c+b)) - ((8.*(1+c+b).*(d.*c-(2.*c+1+b).*t).^2-(1+b)*d^2.*c.^2)./(2.*c+1+b)).^0.5./(4.*(1+c+b))

c4 = (-2.*b.*d.*c+(4.*b^2*d^2.*c.^2-2.*(1-2*b.*c-b^2).*b.*c.*(4*(1+b)*a-d^2)).^0.5)./(2*(1-2*b.*c-b^2))

plot (c, c1,'k-');

hold on;

plot (c, c2,'k--g');

hold on;

plot (c, c4,'k:');

a = 15;

d = 9;

b = 0.2;

t = 4;

c = 0.5: 0.05: 1;

c1 = d/2 - (2*b*a + (1-b) *d^2./(4.*(2.*c+1+b)) + (1-b).*(d.*c-(2.*c+1+b).*t).^2./(2.*c.*(2.*c+1+b)*(1+b))).^0.5

c2 = d.*c./(2.*(1+c+b)) - ((8.*(1+c+b).*(d.*c - (2.*c+1+b).*t).^2 - (1+b)*d^2.*c.^2)./(2.*c+1+b)).^0.5./(4.*(1+c+b))

c3 = (d.*c - (c.*(1+b).*((1+c+b).*(d-2.*c1).^2 - 8.*b.*a.*(1+c+b) - d^2.*(1-b))./(1-b)).^0.5)./(2.*(1+c+b))

c4 = (-2.*b.*d.*c + (4.*b^2*d^2.*c.^2 - 2.*(1-2*b.*c-b^2).*b.*c.*(4*(1+b)*a-d^2)).^0.5)./(2*(1-2*b.*c-b^2))

plot(c,c1,'k-');
hold on;
plot(c,c2,'k--');
hold on;
plot(c,c4,'k:');

a=15;
d=9.5;
b=0.2;
t=4;
c=0.5:0.05:1;
c1 = d/2 - (2*b*a + (1-b)*d^2./(4.*(2.*c+1+b)) + (1-b).*(d.*c - (2.*c+1+b).*t).^2./(2.*c.*(2.*c+1+b)*(1+b))).^0.5

c2 = d.*c./(2.*(1+c+b)) - ((8.*(1+c+b).*(d.*c - (2.*c+1+b).*t).^2 - (1+b)*d^2.*c.^2)./(2.*c+1+b)).^0.5./(4.*(1+c+b))

c3 = (d.*c - (c.*(1+b).*((1+c+b).*(d-2.*c1).^2 - 8.*b.*a.*(1+c+b) - d^2.*(1-b))./(1-b)).^0.5)./

(2.*(1+c+b))

c4=(-2.*b.*d.*c+(4.*b^2*d^2.*c.^2-2.*(1-2*b.*c-b^2).*b.*c.*(4*(1+b)*a-d^2)).^0.5)./(2*(1-2*b.*c-b^2))

plot(c,c1,'k-');

hold on;

plot(c,c2,'k--');

hold on;

plot(c,c4,'k:');